改訂版 聞いて覚えるコーパス英単語

キクタン

【中学英単語】
高校入試レベル

英語の超人になる！
アルク学参シリーズ

受験のために必死で勉強する、これはすばらしい経験です。しかし、単に高校・大学に合格さえすればいいのでしょうか？ 現在の日本に必要なのは、世界中の人々とコミュニケーションを取り、国際規模で活躍できる人材です。総理大臣になってアメリカ大統領と英語で会談したり、ノーベル賞を受賞して英語で受賞スピーチを行ったり、そんなグローバルな「地球人」こそ求められているのです。アルクは、受験英語を超えた、地球規模で活躍できる人材育成のために、英語の学習参考書シリーズを刊行しています。

Preface
中学3年間～高校入試に必要な単語が
「ゼッタイに覚えられる」一冊です！

この一冊で高校入試レベルの英単語を完全マスター！レベル順に覚えられるのでムダなく単語が身につく！

高校受験をひかえて、英単語を覚えようと思うけれど、どこから手をつけていいかわからない──『キクタン【中学英単語】高校入試レベル』はそんな方のために、高校入試に必要な英単語を網羅した一冊です。中学英語教科書のデータなどを元に、中学1～3年の各学年に適した単語を選別。必要な単語をムダなく習得することができます。

さらに、この本を作るに当たっては、書き言葉と話し言葉を集めたデータベース「コーパス」を分析。「受験英語」にとどまらず、「日常英会話」でも役立つ単語力がつくように、工夫しました。皆さんが将来、世界で活躍する時に役立つ基礎の英語力を、この本で身につけてください。

1日たったの16語、1分半でできるから、誰でも続けられる！毎日CDを聞くことで、単語がラクラク覚えられる！

本書には、中学3年間で身につけたい896の英単語（見出し語以外も含めると約1350語）が収録されています。とはいえ、1日に勉強する量はたったの16語。8週間、計56日と、あらかじめスケジュールが決まっているので、少しずつ取り組めて、必ずやりとげることができます。

1日の勉強の基本は、最短1分半CDを聞くこと。CDには、「チャンツ音楽」に乗せて単語が収録されているので、楽しく学べます。本とCDを使って単語を目と耳からインプットすれば、単に目で見て暗記するよりずっと覚えやすいはずです。さらにフレーズや文までチェックすれば、高校入試に必要な英単語は完ぺきに身につくでしょう。

Contents

**1日16語、8週間で
高校入試レベルの896語を完全マスター！**

この本の4大特長
Page 6 ▶ 7

この本とCDの利用法
Page 8 ▶ 9

Index
Page 265 ▶ 275

中学1年生 レベル
★★★

WEEK 1
Page 17 ▶ 45

動詞 **1** ～ **4**
名詞 **1** ～ **3**

テーマ別英単語帳 ❶時
Page 46

WEEK 2
Page 47 ▶ 75

名詞 **4** ～ **7**
形容詞 **1** ～ **2**
副詞

テーマ別英単語帳 ❷地名・言語1
Page 76

中学2年生 レベル
★★★

WEEK 3
Page 77 ▶ 105

動詞 **1** ～ **4**
名詞 **1** ～ **3**

テーマ別英単語帳 ❸地名・言語2／方角
Page 106

WEEK 4
Page 107 ▶ 135

名詞 **4** ～ **10**

テーマ別英単語帳 ❹家族
Page 136

WEEK 5
Page 137 ▶ 165

形容詞 **1** ～ **5**
副詞 **1** ～ **2**

テーマ別英単語帳 ❺体の部分
Page 166

※本書には、見出し語（896語）と「基本単語集」「テーマ別英単語帳」を合わせて、約1350語を掲載しています。

中学3年生 レベル
★★★

WEEK 6
Page 167 ▶ 195

動詞 1 〜 5
名詞 1 〜 2

テーマ別英単語帳 ❻食事・食べ物1
Page 196

WEEK 7
Page 197 ▶ 225

名詞 3 〜 9

テーマ別英単語帳 ❼食事・食べ物2
Page 226

WEEK 8
Page 227 ▶ 255

形容詞 1 〜 4
副詞 1 〜 2
多義語

テーマ別英単語帳
❽生き物
❾服
❿色・単位
⓫スポーツ・楽器
Page 256 ▶ 259

基本単語集

代名詞1／be動詞／冠詞／前置詞／疑問詞／接続詞／助動詞／代名詞2
Page 10 ▶ 16

数字／時を表す名詞／応答・呼びかけ／略語／会話フレーズ
Page 260 ▶ 264

CD取り扱いのご注意
●弊社制作の音声CDは、CDプレーヤーでの再生を保証する規格品です。
●パソコンでご使用になる場合、CD-ROMドライブとの相性により、ディスクを再生できない場合がございます。ご了承ください。
●パソコンでタイトル・トラック情報を表示させたい場合は、iTunesをご利用ください。iTunesでは、弊社がCDのタイトル・トラック情報を登録しているGracenote社のCDDB（データベース）からインターネットを介してトラック情報を取得することができます。
●CDとして正常に音声が再生できるディスクからパソコンやmp3プレーヤー等への取り込み時にトラブルが生じた際は、まず、そのアプリケーション（ソフト）、プレーヤーの製作元へご相談ください。

だから「ゼッタイに覚えられる」！
この本の４大特長

1
最新のコーパスデータを徹底分析！

**試験に出る！
日常生活で使える！**

高校入試のための単語集なら、「試験に出る」のは当然──。本書では、そこから1歩進み、「日常英会話」で使える単語力を身につけることを目標としています。見出し語を選ぶ際には、中学英語教科書のデータと、最新の言語を研究したデータ（コーパス＊）を分析。単に入試を突破するだけでなく、将来英語を使って活躍するのに役立つ、基礎の英単語が選ばれています。

＊コーパス：実際の話し言葉と書き言葉を大量に収集した「言語テキスト・データベース」のこと。コーパスを分析すると、どんな単語がどのくらいの頻度で使われるのかを客観的に調べることができる。辞書を作る時にも使われる。

2
「耳」と「目」をフル活用して覚える！

**「聞く単（キクタン）」！
しっかり身につく！**

「読む」だけでは、言葉はなかなか身につきません。私たちが日本語を習得できたのは、赤ちゃんのころから日本語をくり返し「聞いてきた」から──本書は、この「当たり前のこと」にこだわりました。この本では、音楽のリズムに乗りながら楽しく単語を学べるCDを2枚用意。目と耳から同時に単語をインプットするので、「覚えられない」不安を一発解消。ラクラク暗記ができます！

本書では、中学英語教科書と高校入試問題、最新の言語研究データを分析して、高校入試に必要な英単語を網羅しました。「試験に出る」「日常生活で使える」のはもちろん、この本では「どうしたら単語が覚えやすくなるか」を重視しています。では、なぜ「出る・使える」のか、そしてなぜ「覚えられるのか」について、この本の特長を紹介します。

3
1日16語、8週間の スケジュール学習！

ムリなく マスターできる！

「継続は力なり」とは分かっていても、続けるのは大変なことです。では、なぜ「大変」なのか？ それは、覚えきれないほどの量をムリに詰め込もうとするからです。この本では、「ゼッタイに覚える」ことを前提に、1日に学ぶ量を16語におさえています。さらに、8週間、計56日の「スケジュール学習」なので、ほどよいペースで効率的かつ効果的に単語を身につけることができます。

4
生活スタイルで選べる 3つの「モード学習」を用意！

1日最短1分半、 最長5分でOK！

これまでの単語集は、手にした時に「どこまでやればいいのだろう？」と思うようなものもあったのではないでしょうか。見出し語と意味だけではなく、派生語・関連語、フレーズ、例文……。忙しいと、一度にすべてに目を通すのは難しいものです。この本では、Check 1（単語：見出し語と意味）→ Check 2（フレーズ）→ Check 3（文）と、3つのチェックポイントごとに学習できる「モード学習」を用意。単語と意味だけ、単語と意味とフレーズまでなど、生活スタイルに合わせて、学習量を調整できるようにしました。

生活スタイルに合わせて選べる「モード学習」！
この本とCDの利用法

Check 1
見出し語と意味をチェック。CDには「英語→日本語→英語」の順に「チャンツ音楽」が収録されているので、聞いて発音してみましょう。余裕があれば、本で赤字以外の意味や活用も押さえましょう。

Check 2
Check 2では、「フレーズ（単語の短いまとまり）」の中で見出し語をチェック。単語が実際にどう使われるかを確認しましょう。単語が覚えやすくなります。フレーズ中の太い文字の部分が見出し語です。

Check 3
Check 3では、「文」の中で見出し語をチェック。より実践的な例に触れてください。太い文字の部分が見出し語です。ここまで勉強すると、「音」と「文字」で6回は単語に触れるので、より覚えやすくなります。

見出し語
1日に学ぶのは16語です。左ページには、見出し語が掲載されています。CDには、ここに掲載された単語が上から順に4個ずつ、収録されています。見出し語番号の横の 高 は「高校入試熟語」であることを表します。発音はカタカナでも書かれていますが、正しい発音はCDでチェックしてください。

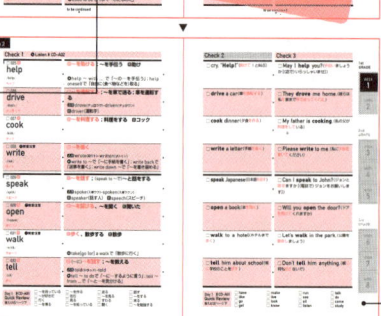

チェックシート
付属のチェックシートを使って、復習してみましょう。本をチェックシートで隠して、消えた部分の意味が分かるかどうか、確認しましょう。

意味・活用
赤字は、最も一般的な意味です。意味の前の記号は、品詞を表しています。
動＝動詞、名＝名詞、
形＝形容詞、副＝副詞、
接＝接続詞、前＝前置詞、
助＝助動詞、代＝代名詞、
間＝間投詞です。

Quick Review
前日に学んだ単語をチェックするためのリストです。左ページに日本語、右ページに英語が掲載されています。

CD-A01：「CD-Aのトラック01を呼び出してください」という意味です。
❶：発音とアクセントに注意すべき単語についています。
≒：同意語または類義語を表します。
⇔：反意語または反対語を表します。
見出し語の定義中の［　］：言いかえを表します。
活用：動詞は「過去形―過去分詞形」、形容詞・副詞は「比較級―最上級」を表しています。

1日で勉強するのは4ページ、16語です。この本には、CDと本で単語の意味などを学ぶ「Check 1」、フレーズ中で単語を学ぶ「Check 2」、文中で単語を学ぶ「Check 3」の3つのCheckがあり、あなたの忙しさに合わせて、学習量を調節できます。Check 1では、該当のCDトラックを呼び出して、「チャンツ音楽」のリズムに乗りながら、見出し語と意味を押さえましょう。時間に余裕がある人は、Check 2とCheck 3にもトライ！

こんなキミにオススメ！
3つの「学習モード」

＊学習時間はあくまでも目安です。時間に余裕がある時は、チャンツ音楽をくり返し聞いたり、フレーズや文を声に出して読んだりして、なるべく多く単語に触れるようにしましょう。
＊CDには見出し語と赤字の意味のみが収録されています。

結構マメなB君には！

しっかりモード
Check 1▶Check 2

学習時間の目安：1日3分

周囲からは「マメ」で通っているけれど、忘れっぽいのが玉にキズな人にオススメなのが、Check 1とCheck 2を学ぶ「しっかりモード」。声に出してフレーズを読めば、さらに覚えやすくなるはず。

フレーズと文の音声（MP3）もゲットしよう！

CDに収録されていないCheck 2の「フレーズ」音声（英語→日本語）と、Check 3の「文」音声（英語→日本語）が、以下のURLから無料でダウンロードできます！

アルク・ダウンロードセンター
▶ https://www.alc.co.jp/dl/
※スマートフォンで聞くことができるアプリ「語学のオトモ ALCO」についてもご案内しています。
※本サービスの内容は予告なく変更する場合がございます。

部活に恋に忙しいA君には！

聞くだけモード
Check 1

学習時間の目安：1日1分半

とにかく忙しくて、できれば単語学習は短時間で済ませたい人にオススメなのが、Check 1だけの「聞くだけモード」。該当のCDトラックで「チャンツ音楽」を聞き流すだけでもOK。でも、時間がある時はCheck 2とCheck 3で復習も忘れずに！

自他ともに認める
完ぺき主義のC君には！

かんぺきモード
Check 1▶Check 2▶Check 3

学習時間の目安：1日5分

やるからには完ぺきにしなければ気が済まない人には、Check 1〜3を学習する「かんぺきモード」がオススメ。ここまでやっても学習時間の目安はたったの5分。できればみんな「かんぺきモード」でパーフェクトを目指そう！

基本単語集

英語を学ぶ上で最も重要な単語をチェック

> ここでは代名詞やbe動詞など、まず知っておきたい基本的な単語を紹介します。基礎知識の確認に役立ててください。

代名詞 1

人称代名詞は、「私は」「私の」「私を」などの働きと意味の違いによって、形が変わります。その変化をここでチェックしてみましょう。

人を表す代名詞

		～は・が	～の	～を・に	～のもの
1人称単数	私	I	my	me	mine
2人称単数	あなた	you	your	you	yours
3人称単数	彼	he	his	him	his
3人称単数	彼女	she	her	her	hers
3人称単数	それ	it	its	it	—
1人称複数	私達	we	our	us	ours
2人称複数	あなた達	you	your	you	yours
3人称複数	彼ら 彼女ら それら	they	their	them	theirs

this／that

	単数形	複数形
これ	this (これ)	these (これら)
あれ	that (あれ)	those (あれら)

> I like my dog.
> （私は私の犬が好きです）

be動詞

be動詞は、主語がI（私は）か、you（あなたは）か、he（彼は）かなどで、形が変わります。時制が現在か過去かによっても変化します。

be動詞と主語

主語	現在形
1人称（I）	am
1人称（we）	are
2人称（you）	are
3人称（he/she/it など）	is
3人称（they など）	are

be動詞の変化

主語	現在形	過去形
I	am	was
you/we/they など	are	were
he/she/it など	is	was

原形	過去分詞形	現在分詞形
be	been	being

冠詞

冠詞のa/an、theは、その名詞が表している人やものを、話し手がどう認識しているかで使い分けます。

a	1つの、1人の（母音で始まる語の前では、aではなくanを使う）
the	その（話し手が何を指しているか分かる場合に使う）

英語を学ぶ上で
最も重要な単語をチェック
基本単語集

前置詞

前置詞は、名詞の前について、場所や時などを表す言葉です。
the station(駅)の前に前置詞at(〜で)をつけると、「駅で」の意味になります。

at	(場所を表して)〜で；(時を表して)〜に	at the station (駅で)
in	(場所を表して)〜の中に；(時を表して)〜に	in the park (公園の中に)
on	(場所を表して)〜の上に；(日時を表して)〜に	on the table (テーブルの上に)
for	(目的を表して)〜のために；〜の間	get it for me (私のためにそれを手に入れる)
of	〜の	the teacher of the class (そのクラスの先生)
from	(時・場所を表して)〜から；〜出身の	start from 7:00 (7時から始まる)
to	〜に対して；(方向を表して)〜へ	go to the station (駅へ行く)
with	〜といっしょに；〜を使って	play with a child (子どもといっしょに遊ぶ)
by	〜のそばに；〜によって	stand by the door (ドアのそばに立つ)
near	(場所・時を表して)〜の近くに	near the school (学校の近くに)
about	〜について	a book about war (戦争についての本)
around	〜の周りに	around the lake (湖の周りに)
after	(時を表して)〜の後に	after dinner (夕食の後に)
before	(時・位置を表して)〜の前に、〜より前に	before breakfast (朝食の前に)
over	〜の上に；〜の向こう側に	fly over the mountain (山の上を飛ぶ)
under	〜の下に	under the desk (机の下に)

up	～の上へ	climb up the hill (丘を登る)
down	～の下へ	go down the river (川を下る)
off	～から（離れて）	get off the train (電車から降りる)
along	～に沿って	walk along the river (川に沿って歩く)
across	～を横切って、～の向こう側に	go across the street (通りを横切る)
through	～を通り抜けて；～の間中	go through the forest (森を通り抜ける)
into	～の中へ；（変化を表して）～になって	jump into the water (水の中にとび込む)
between	（場所・時・関係を表して）（2つ・2人）の間に	between Tom and Kate (トムとケイトの間に)
among	（場所・時・関係を表して）（3つ・3人以上）の間に	among the children (子どもたちの間に)
during	～の間中	during the vacation (休暇の間中)
since	～から	since Monday (月曜日から)
until	～まで（ずっと）（≒till）	wait until 2:00 (2時まで待つ)
without	～なしに	get angry without reason (理由なしに怒る)
against	～に反対して；（試合などで）～を相手にして	against the plan (計画に反対して)
toward	～の方へ	walk toward the school (学校の方へ歩く)
beside	～のそばに	live beside the river (川のそばに住む)
behind	～の後ろに（⇔in front of）；～に遅れて	hide behind the door (ドアの後ろに隠れる)
except	～以外は、～を除いて	everyone except Paul (ポールを除いて全員)

英語を学ぶ上で
最も重要な単語をチェック
基本単語集

疑問詞
疑問詞は「誰」「いつ」「どこ」「何」「どんなふうに」などの意味を持つ語のことです。疑問文で、文の頭に置いて使われます。

who	誰
when	いつ
where	どこ
what	何
why	なぜ
how	どんなふうに
which	どちら、どれ
whose	誰の
whom	誰を

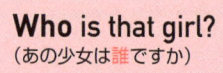
Who is that girl?
（あの少女は誰ですか）

接続詞
接続詞は語と語、文と文など、同じ要素の言葉をつなぎ、前後の関係を示す品詞です。

and	そして
because	〜なので
but	しかし
if	もし〜なら
or	〜かそれとも
though	〜だけれども
so	それで、そこで
while	〜している間
as	〜と同じくらい；〜する時
than	（形容詞・副詞の比較級とともに用いて）〜よりも
whether	〜かどうか；〜であろうとなかろうと

助動詞

助動詞は動詞の原形の前に置いて、意味を加える語です。ski(スキーをする)の前にcanを置くと、can ski（スキーができる）となります。

主要な助動詞の変化

現在形	**can** (〜できる)	**will** (〜だろう、〜するつもり)	**may** (〜かもしれない)
過去形	**could**	**would**	**might**

そのほかの助動詞／助動詞を使った表現

must	〜しなければならない
should	〜すべきである、〜する方がよい
have to do	〜しなければならない
Can I 〜?	〜してもいいですか。
May I 〜?	〜してもよろしいですか。
Can you 〜? / Will you 〜?	〜してくれますか。
Could you 〜? / Would you 〜?	〜していただけますか。
Would you like 〜?	〜はいかがですか。
Shall I 〜?	（私は）〜しましょうか。
Shall we 〜?	（私たちは）〜しましょうか。

> **She can sing very well.**
> （彼女はとても上手に歌える）

代名詞2

ここでは語尾に -self、-one、-thing、-body がつく代名詞をまとめて紹介します。

-self

		単数形	複数形
1人称	私	**myself**（私自身）	**ourselves**（私達自身）
2人称	あなた	**yourself**（あなた自身）	**yourselves**（あなた達自身）
3人称	彼	**himself**（彼自身）	**themselves**（彼ら・彼女ら・それら自身）
3人称	彼女	**herself**（彼女自身）	
3人称	それ	**itself**（それ自身）	

-one / -thing / -body

someone	誰か（≒somebody）
something	何か
anyone	(疑問文で) 誰か；(否定文で) 誰も（≒anybody）
anything	(疑問文で) 何か；(否定文で) 何も
everyone	すべての人、みんな（≒everybody）
everything	すべてのこと、すべてのもの
nobody	誰も〜ない（≒no one）
nothing	何も〜ない
none	誰も〜ない、何も〜ない

1st GRADE (中学1年生レベル)
WEEK 1

さあ、いよいよここから単語学習のスタートです！ この本では、単語を中学1～3年生に分け、品詞ごとに学んでいきます。今週は中学1年生レベルの動詞と名詞です。

Day 1【動詞 1】
▶ 18
Day 2【動詞 2】
▶ 22
Day 3【動詞 3】
▶ 26
Day 4【動詞 4】
▶ 30
Day 5【名詞 1】
▶ 34
Day 6【名詞 2】
▶ 38
Day 7【名詞 3】
▶ 42

テーマ別英単語帳
❶ 時
▶ 46

英語でコレ言える？
Can you say this in English?
（　）に入る語が分かるかな？
▼

ハンバーガーを食べよう。
Let's (　　) a hamburger.

あのサンドイッチもおいしそうだよ。
And that sandwich looks good, too.

両方食べるの？
Are you going to eat both?

▼
答えはDay 1でチェック！

1st GRADE

WEEK 1

WEEK 2

2nd GRADE

WEEK 3

WEEK 4

WEEK 5

3rd GRADE

WEEK 6

WEEK 7

WEEK 8

Day 1

★★★
1st GRADE＿動詞 **1**

Check 1　◉Listen))) CD-A01

□ 001 高
have
/həv/
ハヴ

動〜を持っている；〜を経験する、(時など)を過ごす；〜を食べる；(病気など)にかかっている
活用 had(ハド)-had
⊕3人称単数現在形はhas

□ 002 高
like
/láik/
ライク

動〜が好きだ　**前**〜のような

⊕Would you like 〜?で「〜はいかがですか」；would like to doで「〜したい」

□ 003 高
go
/góu/
ゴウ

動(go to 〜で)〜に行く
活用 went(ウェント)-gone(ゴーン)
⊕be going to doで「〜するつもりだ」；go -ingで「〜しに行く」；go onで「進み続ける」

□ 004 高
get
/gét/
ゲット

動〜を得る；(〜の状態)になる；〜を理解する
活用 got(ガット)-got/gotten(ガトゥン)
⊕get upで「起きる」；get to 〜で「〜に着く」；get off 〜で「〜から降りる」；get on 〜で「〜に乗る」

□ 005 高
make
/méik/
メイク

動〜を作る；(…を)〜にする
活用 made(メイド)-made
⊕make 〜 of …で「…で〜を作る」；make 〜 from …「…から〜を作る」

□ 006 高
live
/lív/
リヴ

動(live in 〜で)〜に住む；生きる(⇔die)；暮らす
名 living(生活)
⊕live a 〜 lifeで「〜な生活を送る」

□ 007 高
look
/lúk/
ルック

動(look at 〜で)〜を見る；(〜に)見える、(look like 〜で)〜のように見える
⊕look for 〜で「〜を探す」；look up 〜で「〜を調べる」；look after 〜で「〜の世話をする」

□ 008 高　❶発音注意
know
/nóu/
ノウ

動〜を知っている、〜が分かっている
活用 knew(ニュー)-known(ノウン)
名 knowledge(知識)
⊕be known to 〜で「〜に知られている」

to be continued
▼

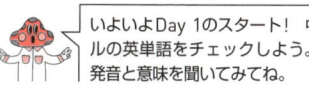

いよいよDay 1のスタート！ 中学1年生レベルの英単語をチェックしよう。CDで単語の発音と意味を聞いてみてね。

☐ 聞くだけモード　Check 1
☐ しっかりモード　Check 1 ▶ 2
☐ かんぺきモード　Check 1 ▶ 2 ▶ 3

1st GRADE

WEEK 1

Check 2

☐ **have** a good time（楽しい時を過ごす）

Check 3

☐ I **have** a house.（私は家を持っている）

WEEK 2

☐ **like** apples（リンゴが好きだ）

☐ I **like** music.（私は音楽が好きだ）

2nd GRADE

☐ **go** to the park（公園に行く）

☐ I **went** to France last year.（私は昨年、フランスに行った）

WEEK 3

☐ **get** a CD（CDを手に入れる）

☐ She'll **get** well.（彼女はよくなるだろう）

WEEK 4

WEEK 5

☐ **make** a sandwich（サンドイッチを作る）

☐ His words **made** me happy.（彼の言葉は私を幸せにした）

☐ **live** in New York（ニューヨークに住む）

☐ He **lives** with his family.（彼は家族といっしょに暮らしている）

3rd GRADE

WEEK 6

☐ **look** at a picture（絵を見る）

☐ He **looked** happy.（彼は幸せに見えた）

WEEK 7

WEEK 8

☐ **know** the boy（その少年を知っている）

☐ How did you **know** that?（どうしてそれが分かったのですか）

to be continued ▼

Day 1

Check 1 Listen)) CD-A01

□ 009 高
run
/rán/
ラン

動 走る

活用 ran(ラァン)-run
● run awayで「逃げる」；run after ～で「～を追いかける」；run across[into] ～で「～に偶然出会う」

□ 010 高
see
/síː/
スィー

動 ～を見る；～に会う；～が分かる

活用 saw(ソー)-seen(スィーン)
● See you.で「またね」；I see.で「なるほど」；see ～ -ingで「～が…しているのを見る」

□ 011
sit
/sít/
スィット

動 すわる(⇔stand)、(sit downで)腰を下ろす(すわる)

活用 sat(サァット)-sat

□ 012 高 ❶発音注意
listen
/lísn/
リスン

動 (listen to ～で)～を聞く

□ 013 高
talk
/tɔ́ːk/
トーク

動 話す

● talk to ～で「～に話しかける」；talk about ～で「～について話す」；talk with ～で「～と話す」；have a talkで「話をする」

□ 014 高
do
/du/
ドゥ

動 ～をする

活用 did(ディド)-done(ダン)
● 3人称単数現在形はdoes；do one's bestで「最善を尽くす」

□ 015 高
come
/kám/
カム

動 来る

活用 came(ケイム)-come
● come in で「入る」；Come on.で「さあ早く」

□ 016 高
study
/stádi/
スタディ

動 ～を勉強する 名 勉強；研究；学問

Check 2	Check 3	
☐ **run** in a park(公園で走る)	☐ The cat **ran** away from the dog.(そのネコは犬から逃げた)	1st GRADE / WEEK 1
☐ **see** my teacher(先生に会う)	☐ You can **see** many animals there.(そこではたくさんの動物を見ることができる)	WEEK 2
☐ **sit** on a bench(ベンチにすわる)	☐ Please **sit** down.(すわってください)	2nd GRADE
☐ **listen** to a CD(CDを聞く)	☐ We **listened** to his song.(私たちは彼の歌を聞いた)	WEEK 3
☐ **talk** about music(音楽について話す)	☐ I **talked** with my friend at school.(私は学校で友達と話した)	WEEK 4 / WEEK 5
☐ **do** my homework(宿題をする)	☐ What are you **doing**?(あなたは何をしていますか)	3rd GRADE
☐ **come** to Tokyo(東京に来る)	☐ Where did you **come** from?(あなたはどこから来ましたか)	WEEK 6 / WEEK 7
☐ **study** English(英語を勉強する)	☐ What did you **study** in school today?(今日は学校で何を勉強しましたか)	WEEK 8

Day 2

★★★
1st GRADE＿動詞 2

Check 1　　◉ Listen)) CD-A02

□ 017 高
take
/téik/
テイク

動 **～を取る；～を連れていく；～を買う；**(乗り物)**に乗る**
活用 took(トゥック)-taken(テイクン)
◉ take off ～で「～を脱ぐ」

□ 018 高
meet
/mí:t/
ミート

動 **～に会う**
活用 met(メット)-met
名 meeting(会議)
◉ Nice to meet you. で「はじめまして」

□ 019 高　　❶アクセント注意
enjoy
/indʒɔ́i/
インチョイ

動 **～を楽しむ、**(enjoy -ing で)**～して楽しむ**

◉ enjoy oneself で「楽しく過ごす」

□ 020 高
play
/pléi/
プレイ

動 **遊ぶ；**(楽器)**を演奏する；**(スポーツ)**をする**
名 劇

□ 021 高
say
/séi/
セイ

動 **～と言う、～を口に出す；言う**
活用 said(セッド)-said
◉ say hello to ～で「～によろしくと伝える」；say to oneself で「心の中で考える」

□ 022 高
want
/wánt/
ワント

動 **～が欲しい；**(want to do で)**～したい**

□ 023
stand
/stǽnd/
スタァンド

動 **立つ**(⇔sit)**、**(stand up で)**立ち上がる(立つ)**
活用 stood(ストゥッド)-stood
◉ stand for ～で「～を意味する」

□ 024 高
use
/jú:z/
ユーズ

動 **～を使う**　名(/jú:s/ユース)使用
形 useful(役に立つ)
◉ used to do で「よく～したものだ」

to be continued ▼

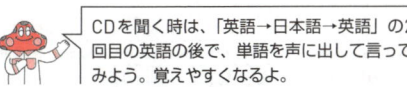

CDを聞く時は、「英語→日本語→英語」の2回目の英語の後で、単語を声に出して言ってみよう。覚えやすくなるよ。

- □ 聞くだけモード　Check 1
- □ しっかりモード　Check 1 ▶ 2
- □ かんぺきモード　Check 1 ▶ 2 ▶ 3

1st GRADE

Check 2

Check 3

WEEK 1

□ **take** my hand(私の手を取る)

□ I'll **take** it.(それを買います)

WEEK 2

□ **meet** her at a park(公園で彼女に会う)

□ Nice to **meet** you.(あなたにお会いできてうれしいです)

2nd GRADE

□ **enjoy** a game(ゲームを楽しむ)

□ **Enjoy** your trip.(旅行を楽しんで)

WEEK 3

□ **play** with my friends(友達と遊ぶ)

□ Can you **play** the guitar?(あなたはギターをひけますか)

WEEK 4

WEEK 5

□ **say**, "Hello"(「こんにちは」と言う)

□ Will you **say** it again, please?(もう一度それを言ってくれますか)

3rd GRADE

□ **want** a computer(コンピューターが欲しい)

□ Do you **want** to eat an apple?(あなたはリンゴが食べたいですか)

WEEK 6

□ **stand** by a door(ドアのそばに立つ)

□ Please **stand** up.(立ってください)

WEEK 7

WEEK 8

□ **use** my bike(私の自転車を使う)

□ Can I **use** your pen?(あなたのペンを使ってもいいですか)

to be continued

Day 2

Check 1 🔊 Listen 》CD-A02

□ 025 高
help
/hélp/
ヘゥプ

動 ～を助ける；～を手伝う　**名** 助け

➕ help ～ with ... で「～の…を手伝う」；help oneself で「自由に（食べ物などを）取る」

□ 026
drive
/dráiv/
ヂュライヴ

動 ～を運転する；～を車で送る；車を運転する

活用 drove(ヂュロウヴ)-driven(ヂュリヴン)
名 driver（運転手）

□ 027 高
cook
/kúk/
クック

動 ～を料理する；料理をする　**名** コック

□ 028 ❶発音注意
write
/ráit/
ライト

動 ～を書く

活用 wrote(ロウト)-written(リトゥン)
➕ write to ～で「～に手紙を書く」；write back で「返事を書く」；write down ～で「～を書き留める」

□ 029 高
speak
/spíːk/
スピーク

動 ～を話す；(speak to ～で)～と話をする

活用 spoke(スポウク)-spoken(スポウクン)
名 speaker（話す人）　**名** speech（スピーチ）

□ 030 高 ❶発音注意
open
/óupən/
オウプン

動 ～を開ける、～を開く　**形** 開いた

□ 031 高 ❶発音注意
walk
/wɔ́ːk/
ウォーク

動 歩く、散歩する　**名** 散歩

➕ take[go for] a walk で「散歩に行く」

□ 032 高
tell
/tél/
テゥ

動 ～に(…を)話す；～を教える

活用 told(トゥウド)-told
➕ tell ～ to do で「～に…するように言う」；tell ～ from ... で「～と…を見分ける」

Day 1 》CD-A01
Quick Review
答えは右ページ下

- □ ～を持っている
- □ ～が好きだ
- □ 行く
- □ ～を得る
- □ ～を作る
- □ 住む
- □ 見る
- □ ～を知っている
- □ 走る
- □ ～を見る
- □ すわる
- □ 聞く
- □ 話す
- □ ～をする
- □ 来る
- □ ～を勉強する

Check 2	Check 3	
□ cry, **"Help!"**(「助けて！」と叫ぶ)	□ May I **help** you?(手伝いましょうか[〈店で〉いらっしゃいませ])	**1st GRADE** / **WEEK 1**
□ **drive** a car(車を運転する)	□ They **drove** me home.(彼らは私を家まで車で送ってくれた)	WEEK 2
□ **cook** dinner(夕食を作る)	□ My father is **cooking**.(私の父が料理をしている)	**2nd GRADE**
□ **write** a letter(手紙を書く)	□ Please **write** to me.(私に手紙を書いてください)	WEEK 3
□ **speak** Japanese(日本語を話す)	□ Can I **speak** to John?(ジョンと話せますか[〈電話で〉ジョンをお願いします])	WEEK 4 / WEEK 5
□ **open** a book(本を開く)	□ Will you **open** the door?(ドアを開けてくれますか)	**3rd GRADE**
□ **walk** to a hotel(ホテルまで歩く)	□ Let's **walk** in the park.(公園を散歩しましょう)	WEEK 6 / WEEK 7
□ **tell** him about school(彼に学校のことを話す)	□ Don't **tell** him anything.(彼に何も話さないで)	WEEK 8

Day 1))) CD-A01
Quick Review
答えは左ページ下

□ have □ make □ run □ talk
□ like □ live □ see □ do
□ go □ look □ sit □ come
□ get □ know □ listen □ study

Day 3

1st GRADE＿動詞 3

Check 1　◎Listen 》CD-A03

□ 033 高　❶発音注意
answer
/ǽnsər/
アンサー

動 **～に答える**(⇔ask)　名 **答え**(⇔question)

➕answer the telephoneで「電話に出る」

□ 034 高
swim
/swím/
スウィム

動 **泳ぐ**

活用 swam(スワァム)-swum(スワム)

□ 035 高
drink
/dríŋk/
ヂュリンク

動 **～を飲む；酒を飲む**　名 **飲み物**

活用 drank(ヂュラァンク)-drunk(ヂュランク)

□ 036 高
read
/ríːd/
リード

動 **～を読む**

活用 read(レッド)-read(レッド)

□ 037 高
teach
/tíːtʃ/
ティーチ

動 **(…に)～を教える**

活用 taught(トート)-taught

□ 038 高
ask
/ǽsk/
アスク

動 **(…に)～をたずねる**(⇔answer)**；～を頼む；～を求める**

➕ask ～ for ...で「～に…を要求する」；May I ask ～ a favor?で「～にお願いしてもよろしいですか」

□ 039
eat
/íːt/
イート

動 **～を食べる**

活用 ate(エイト)-eaten(イートン)
➕eat outで「外食する」

□ 040 高
visit
/vízit/
ヴィズィット

動 **～を訪ねる、～を訪れる**　名 **訪問**

名 visitor(観光客；訪問者)

to be continued
▼

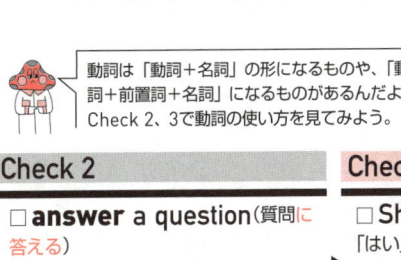

動詞は「動詞＋名詞」の形になるものや、「動詞＋前置詞＋名詞」になるものがあるんだよ。Check 2、3で動詞の使い方を見てみよう。

☐ 聞くだけモード　Check 1
☐ しっかりモード　Check 1 ▶ 2
☐ かんぺきモード　Check 1 ▶ 2 ▶ 3

1st GRADE

WEEK 1

WEEK 2

Check 2

☐ **answer** a question（質問に答える）

☐ **swim** in the sea（海で泳ぐ）

☐ **drink** coffee（コーヒーを飲む）

☐ **read** a book（本を読む）

☐ **teach** me math（私に数学を教える）

☐ **ask** his name（彼の名前をたずねる）

☐ **eat** lunch（昼食を食べる）

☐ **visit** London（ロンドンを訪れる）

Check 3

☐ She **answered**, "Yes."（彼女は「はい」と答えた）

☐ Can you **swim**?（あなたは泳げますか）

☐ What do you **drink**?（あなたは何を飲みますか）

☐ Did you **read** the letter?（あなたは手紙を読みましたか）

☐ He **teaches** science at a high school.（彼は高校で理科を教えている）

☐ May I **ask** you a question?（あなたに質問をしてもいいですか）

☐ Can you **eat** natto?（あなたは納豆を食べられますか）

☐ Please **visit** me anytime.（いつでも私を訪ねてください）

2nd GRADE

WEEK 3

WEEK 4

WEEK 5

3rd GRADE

WEEK 6

WEEK 7

WEEK 8

to be continued

Day 3

Check 1　🔊 Listen))) CD-A03

□ 041 高　❶発音注意
work
/wə́ːrk/
ワーク

動 **働く**；(機械などが)**作動する**

➕ work for ～で「～に勤めている」; work on ～で「～に取り組む」

□ 042 高
need
/níːd/
ニード

動 **～を必要とする**　名 **必要**

➕ need to do で「～する必要がある」

□ 043 高
clean
/klíːn/
クリーン

動 **～をそうじする**　形 **きれいな**

□ 044 高
learn
/ləˊːrn/
ラーン

動 **～を学ぶ、～を習う**

➕ learn to do で「～できるようになる」

□ 045 高
wait
/wéit/
ウェイト

動 (wait for ～で)**～を待つ**

➕ wait a minute で「ちょっと待って」

□ 046 高
love
/lʌ́v/
ラヴ

動 **～が大好きである、～を愛する**　名 **愛**

➕ I'd love to. で「ええ、ぜひとも(したいです)」

□ 047 高
leave
/líːv/
リーヴ

動 **～を去る**；(leave for ～で)**～に向けて出発する**；**～を(…の)ままにしておく**

活用 left(レフト)-left
➕ leave ～ behind で「～を残して去る」

□ 048 高
put
/pút/
プット

動 **～を置く**

活用 put-put
➕ put ～ in ... で「…に～を入れる」; put on ～で「～を身につける」

Day 2))) CD-A02
Quick Review
答えは右ページ下

- □ ～を取る
- □ ～に会う
- □ ～を楽しむ
- □ 遊ぶ

- □ ～と言う
- □ ～が欲しい
- □ 立つ
- □ ～を使う

- □ ～を助ける
- □ ～を運転する
- □ ～を料理する
- □ ～を書く

- □ ～を話す
- □ ～を開ける
- □ 歩く
- □ ～に話す

Check 2

- □ **work** at a restaurant(レストランで働く)

- □ **need** some help(助けを必要とする)

- □ **clean** a room(部屋をそうじする)

- □ **learn** English(英語を学ぶ)

- □ **wait** for her(彼女を待つ)

- □ **love** sports(スポーツを愛する)

- □ **leave** a room(部屋を去る)

- □ **put** a book on a desk(机に本を置く)

Check 3

- □ The new computer doesn't **work**.(新しいコンピューターが作動しない)

- □ I **need** a new pen.(私には新しいペンが必要だ)

- □ We **clean** our house on New Year's Eve.(私たちは大みそかに家をそうじする)

- □ I **learned** a lot of things from my grandmother.(私は祖母からたくさんのことを学んだ)

- □ I'll **wait** for you at school.(私は学校であなたを待ちます)

- □ I **love** chocolate.(私はチョコレートが大好きだ)

- □ We'll **leave** for New York tomorrow.(私たちは明日ニューヨークに向けて出発する)

- □ I **put** some money in my pocket.(私はポケットに金を入れた)

1st GRADE
WEEK 1
WEEK 2

2nd GRADE
WEEK 3
WEEK 4
WEEK 5

3rd GRADE
WEEK 6
WEEK 7
WEEK 8

Day 2))CD-A02
Quick Review
答えは左ページ下

- □ take
- □ meet
- □ enjoy
- □ play
- □ say
- □ want
- □ stand
- □ use
- □ help
- □ drive
- □ cook
- □ write
- □ speak
- □ open
- □ walk
- □ tell

Day 4

★★★

1st GRADE＿動詞 **4**

Check 1   ◎ Listen ♪) CD-A04

□ 049
carry
/kǽri/
キャリ

動 ～を運ぶ、～を持ち歩く

⊕ carry out ～で「～を実行する」

□ 050 高
try
/trái/
チュライ

動 ～を試みる、(try to doで)～しようと試みる；試みる　名 試み、努力

⊕ try ～on(try on ～)で「～を試着する」；give ～ a try で「～をやってみる」

□ 051 高
stay
/stéi/
ステイ

動 (stay at[in] ～で)～に滞在する；とどまる；(～の)ままでいる　名 滞在

⊕ stay up で「起きている」；stay up late で「夜ふかしをする」；stay with ～で「～の家に泊まる」

□ 052 高
start
/stá:rt/
スタート

動 ～を始める；始まる(≒begin)；出発する

⊕ start with ～で「～で始まる、～から始める」

□ 053 高
sing
/síŋ/
スィング

動 ～を歌う；歌う

活用 sang(サァング)-sung(サング)

□ 054 高　❶アクセント注意
arrive
/əráiv/
アライヴ

動 (arrive at[in] ～で)～に着く

□ 055
jump
/dʒʌ́mp/
ヂャンプ

動 とぶ、はねる

□ 056
wash
/wɑ́ʃ/
ワッシュ

動 ～を洗う；～を洗い流す

⊕ wash away ～で「～を押し流す」

to be continued
▼

各Dayの後半にはQuick Reviewがあるよ。前の日の単語の日本語訳が左ページに、英語が右ページにあるので、復習してみよう。

☐ 聞くだけモード　Check 1
☐ しっかりモード　Check 1 ▶ 2
☐ かんぺきモード　Check 1 ▶ 2 ▶ 3

1st GRADE

Check 2	Check 3
☐ **carry** a bag(かばんを持ち歩く)	☐ He was **carried** to the hospital.(彼は病院に運ばれた)
☐ **try** to remember her name(彼女の名前を思い出そうとする)	☐ I **tried** hard, but I couldn't finish my homework.(懸命に試みたが、私は宿題を終えられなかった)
☐ **stay** at a hotel(ホテルに滞在する)	☐ Please **stay** and help me.(ここにとどまって私を助けてください)
☐ **start** at 9:00(9時に始まる)	☐ I **started** learning English.(私は英語を習い始めた)
☐ **sing** a song(歌を歌う)	☐ The children **sang** to the music.(子どもたちは音楽に合わせて歌った)
☐ **arrive** at a church(教会に着く)	☐ The train hasn't **arrived** yet.(電車はまだ着いていない)
☐ **jump** down from a tree(木からとび下りる)	☐ The children **jumped** into the sea.(子どもたちは海にとび込んだ)
☐ **wash** my hands(手を洗う)	☐ I helped my mother **wash** the dishes.(私は母が皿を洗うのを手伝った)

WEEK 1
WEEK 2

2nd GRADE

WEEK 3
WEEK 4
WEEK 5

3rd GRADE

WEEK 6
WEEK 7
WEEK 8

to be continued
▼

Day 4

Check 1 🎧 Listen)) CD-A04

□ 057 ❶発音注意
guess
/gés/
ゲス

動 ～を推測する；～と思う　名推測、推量

➕Guess what. で「あのね」

□ 058 高
call
/kɔ́ːl/
コーゥ

動 ～を(…と)呼ぶ；～に電話をかける
名電話；呼び声

➕call out で「大声で呼びかける」；call back ～「～に電話を折り返す」；call on ～で「(人)を訪ねる」

□ 059
push
/púʃ/
プッシュ

動 ～を押す (⇔pull)

□ 060
hurry
/hə́ːri/
ハーリ

動 急ぐ

➕hurry up で「(強調して)急ぐ」

□ 061
pick
/pík/
ピック

動 ～をつむ、～を選ぶ

➕pick up ～ (pick ～ up) で「～を拾い上げる、～を車で迎えに行く」

□ 062 ❶アクセント注意
excuse
/ikskjúːz/
イクスキューズ

動 ～を許す、～の言い訳になる　名弁解、説明

➕Excuse me. で「ごめんなさい、失礼」

□ 063 高
thank
/θǽŋk/
サンク

動 ～に感謝する　名感謝

➕thank you で「ありがとう」；thank you for ～「～をありがとう」；No, thank you. で「いいえ、結構です」；thanks to ～で「～のおかげで」

□ 064
brush
/bráʃ/
ブラシュ

動 ～にブラシをかける、～をみがく　名ブラシ、はけ

➕brush up ～で「ブラシなどで(～に)みがきをかける」

| Day 3)) CD-A03 Quick Review 答えは右ページ下 | □ ～に答える
□ 泳ぐ
□ ～を飲む
□ ～を読む | □ ～を教える
□ ～をたずねる
□ ～を食べる
□ ～を訪ねる | □ 働く
□ ～を必要とする
□ ～をそうじする
□ ～を学ぶ | □ 待つ
□ ～が大好きである
□ ～を去る
□ ～を置く |

Check 2

- □ **guess** the meaning(意味を推測する)
- □ **call** my friend(友達に電話をかける)
- □ **push** a door open(ドアを押し開ける)
- □ **hurry** to the station(駅へ急ぐ)
- □ **pick** a flower(花をつむ)
- □ **excuse** a fault(過失を許す)
- □ **thank** God(神に感謝する)
- □ **brush** my teeth(歯をみがく)

Check 3

- □ I **guess** I'm fine.(私は大丈夫だと思う)
- □ **Call** me Nami.(私をナミと呼んでね)
- □ The boy **pushed** me hard.(少年が私を強く押した)
- □ We must **hurry** up.(私たちは急がなくてはならない)
- □ I'll **pick** you up at the station.(私は駅まであなたを車で迎えに行きます)
- □ Please **excuse** him for being late.(彼の遅刻を許してやってください)
- □ I **thanked** her for the help.(私は彼女の助けに感謝した)
- □ **Brush** your hair before you go out.(出かける前に髪にブラシをかけなさい)

1st GRADE
WEEK 1
WEEK 2

2nd GRADE
WEEK 3
WEEK 4
WEEK 5

3rd GRADE
WEEK 6
WEEK 7
WEEK 8

Day 3))CD-A03
Quick Review
答えは左ページ下

- □ answer
- □ swim
- □ drink
- □ read
- □ teach
- □ ask
- □ eat
- □ visit
- □ work
- □ need
- □ clean
- □ learn
- □ wait
- □ love
- □ leave
- □ put

Day 5

1st GRADE＿名詞 **1**

Check 1 Listen)) CD-A05

□ 065 高
house
/háus/
ハウス

名 家

□ 066 高
teacher
/tíːtʃər/
ティーチャー

名 先生

動 teach（〜を教える）

□ 067 高
bag
/bǽg/
バァグ

名 かばん

⊕ plastic bagで「ビニール袋」

□ 068 高
room
/rúːm/
ルーム

名 部屋

⊕ dining roomで「ダイニングルーム」; living roomで「居間」

□ 069
pen
/pén/
ペン

名 ペン

□ 070 高
ball
/bɔ́ːl/
ボーゥ

名 ボール

⊕ rice ballで「おにぎり」

□ 071 高
book
/búk/
ブック

名 本

⊕ used bookで「古本」

□ 072 高
name
/néim/
ネイム

名 名前　動 〜に（…と）名前をつける

⊕ May I have your name?で「お名前を教えていただけますか」

to be continued

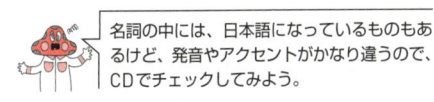

名詞の中には、日本語になっているものもあるけど、発音やアクセントがかなり違うので、CDでチェックしてみよう。

- ☐ 聞くだけモード　Check 1
- ☐ しっかりモード　Check 1 ▶ 2
- ☐ かんぺきモード　Check 1 ▶ 2 ▶ 3

1st GRADE

Check 2

- ☐ live in a **house**（家に住む）
- ☐ my **teacher**（私の先生）
- ☐ a black **bag**（黒いかばん）
- ☐ a large **room**（広い部屋）
- ☐ write with a **pen**（ペンで書く）
- ☐ play with a **ball**（ボールで遊ぶ）
- ☐ an English **book**（英語の本）
- ☐ call his **name**（彼の名前を呼ぶ）

Check 3

- ☐ This is my **house**.（これが私の家だ）
- ☐ He is my English **teacher**.（彼は私の英語の先生だ）
- ☐ I got a new **bag**.（私は新しいかばんを手に入れた）
- ☐ We have breakfast in this **room**.（私たちはこの部屋で朝食を食べる）
- ☐ Do you have a **pen**?（あなたはペンを持っていますか）
- ☐ He had a **ball** in his hand.（彼は手にボールを持っていた）
- ☐ My father has a lot of **books**.（私の父はたくさん本を持っている）
- ☐ I wrote my **name**.（私は名前を書いた）

WEEK 1
WEEK 2

2nd GRADE

WEEK 3
WEEK 4
WEEK 5

3rd GRADE

WEEK 6
WEEK 7
WEEK 8

to be continued

Day 5

Check 1 🔊 Listen)) CD-A05

□ 073
desk
/désk/
デスク

名 机

➕ information deskで「案内所」

□ 074 高
cup
/kʌ́p/
カップ

名 カップ

➕ a cup of ～で「カップ1杯の～」；another cup of ～で「もう1杯の～」

□ 075 ❗発音注意
pencil
/pénsəl/
ペンソゥ

名 えんぴつ

□ 076 高
train
/tréin/
チュレイン

名 電車、列車

➕ change trainsで「電車を乗りかえる」

□ 077 高
bed
/béd/
ベッド

名 ベッド

➕ go to bedで「寝る」；be sick in bedで「病気で寝ている」

□ 078 高
sport
/spɔ́ːrt/
スポート

名 スポーツ

➕ sportsと複数形で使うことが多い；sports dayで「運動会」

□ 079
notebook
/nóutbùk/
ノウトブック

名 ノート

□ 080 高
car
/káːr/
カー

名 車

| Day 4)) CD-A04
Quick Review
答えは右ページ下 | □ ～を運ぶ
□ ～を試みる
□ 滞在する
□ ～を始める | □ ～を歌う
□ 着く
□ とぶ
□ ～を洗う | □ ～を推測する
□ ～を呼ぶ
□ ～を押す
□ 急ぐ | □ ～をつむ
□ ～を許す
□ ～に感謝する
□ ～にブラシをかける |

Check 2	Check 3	
☐ on a **desk**(机の上に)	☐ He is studying at the **desk**.(彼は机で勉強している)	1st GRADE **WEEK 1**
☐ a **cup** of coffee(カップ1杯のコーヒー)	☐ Which of these **cups** is yours?(これらのカップのうち、どれがあなたのですか)	WEEK 2
☐ use my **pencil**(私のえんぴつを使う)	☐ Have you seen my **pencil**?(あなたは私のえんぴつを見ましたか)	2nd GRADE
☐ on a **train**(電車に乗って)	☐ Take the **train** for Osaka.(大阪行きの電車に乗りなさい)	WEEK 3
		WEEK 4
☐ get out of **bed**(ベッドから出る)	☐ I sat on the **bed**.(私はベッドにすわった)	WEEK 5
☐ play **sports**(スポーツをする)	☐ What **sports** do you like?(あなたは何のスポーツが好きですか)	3rd GRADE
☐ a red **notebook**(赤いノート)	☐ I don't have my **notebook** today.(私は今日、ノートを持っていない)	WEEK 6
		WEEK 7
☐ have a **car**(車を持っている)	☐ My father is going to get a new **car**.(私の父は新しい車を手に入れるつもりだ)	WEEK 8

Day 4))CD-A04
Quick Review
答えは左ページ下

☐ carry ☐ sing ☐ guess ☐ pick
☐ try ☐ arrive ☐ call ☐ excuse
☐ stay ☐ jump ☐ push ☐ thank
☐ start ☐ wash ☐ hurry ☐ brush

Day 6

★★★
1st GRADE＿名詞 2

Check 1　Listen ») CD-A06

□ 081 高
man
/mǽn/
マァン

名 **男の人、男性**(⇔woman)

➕複数形はmen(/mén/ メン)

□ 082
door
/dɔ́ːr/
ドー

名 **ドア**

➕open the door to ～で「～に門戸を開く；～に機会を与える」; from door to doorで「一軒一軒」

□ 083 高
time
/táim/
タイム

名 **時間；～回；時刻**

➕all the timeで「その間ずっと」; for the first timeで「初めて」; at that timeで「その時」; in timeで「間に合って」; on time「時間どおりに」

□ 084 高
club
/kláb/
クラブ

名 **クラブ、部**

➕I'm in the ～ club.で「私は～部に属している」

□ 085 高
woman
/wúmən/
ウマン

名 **女の人、女性**(⇔man)

➕複数形はwomen(/wímin/ **ウィミン**)

□ 086 高
table
/téibl/
テイボゥ

名 **テーブル、卓**

➕table tennisで「卓球」

□ 087 高
class
/klǽs/
クラァス

名 **授業；(学校の)クラス**

□ 088 高
bus
/bás/
バス

名 **バス**

➕by busで「バスで」

to be continued ▼

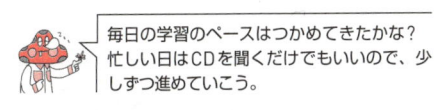

毎日の学習のペースはつかめてきたかな？忙しい日はCDを聞くだけでもいいので、少しずつ進めていこう。

☐ 聞くだけモード　Check 1
☐ しっかりモード　Check 1 ▶ 2
☐ かんぺきモード　Check 1 ▶ 2 ▶ 3

1st GRADE

Check 2 | Check 3

☐ a tall **man**（背の高い男の人）
☐ I know that old **man**.（私はあの老いた男性を知っている）

WEEK 1

WEEK 2

☐ open a **door**（ドアを開ける）
☐ **Someone** is standing at the **door**.（誰かがドアの所に立っている）

2nd GRADE

☐ the second **time**（2回目）
☐ What **time** do you usually go to school?（あなたはたいてい何時に学校に行きますか）

WEEK 3

☐ a soccer **club**（サッカー部）
☐ He is in the tennis **club**.（彼はテニス部に入っている）

WEEK 4

WEEK 5

☐ men and **women**（男性と女性）
☐ I met a wonderful **woman**.（私はすばらしい女性に会った）

3rd GRADE

☐ sit around a **table**（テーブルの周りにすわる）
☐ We had breakfast at the **table**.（私たちはテーブルで朝食を食べた）

WEEK 6

☐ a music **class**（音楽の授業）
☐ How many **classes** do you have today?（あなたは今日、いくつ授業がありますか）

WEEK 7

☐ take a **bus**（バスに乗る）
☐ He can drive a **bus**.（彼はバスを運転できる）

WEEK 8

to be continued
▼

Day 6

Check 1 🔊 Listen)) CD-A06

☐ 089
pet
/pét/
ペット

名 ペット

☐ 090
chair
/tʃέər/
チェアー

名 いす

☐ 091 高
music
/mjúːzik/
ミューズィック

名 音楽；曲

名 musician（音楽家）

☐ 092 高　❶発音注意
school
/skúːl/
スクーゥ

名 学校

❶ high schoolで「高校」、junior high schoolで「中学校」；elementary schoolで「小学校」；after schoolで「放課後」

☐ 093 高
student
/stjúːdnt/
スチューデント

名 生徒、学生

☐ 094
picture
/píktʃər/
ピクチャー

名 絵；写真

☐ 095 高
family
/fǽməli/
ファマリィ

名 家族

☐ 096 高　❶発音注意
friend
/frénd/
フレンド

名 友達

形 friendly（友好的な）
❶ make friends with ～で「～と親しくなる」；good friendで「親友」

Day 5)) CD-A05
Quick Review
答えは右ページ下

☐ 家　　　☐ ペン　　☐ 机　　　☐ ベッド
☐ 先生　　☐ ボール　☐ カップ　☐ スポーツ
☐ かばん　☐ 本　　　☐ えんぴつ　☐ ノート
☐ 部屋　　☐ 名前　　☐ 電車　　☐ 車

Check 2	Check 3	
☐ have a **pet**(ペットを飼っている)	☐ I want a **pet**.(私はペットが欲しい)	**1st GRADE** / **WEEK 1**
☐ sit on a **chair**(いすにすわる)	☐ My father made this **chair** for me.(私の父は私にこのいすを作ってくれた)	WEEK 2
☐ listen to **music**(音楽を聞く)	☐ They played **music** at the party.(彼らはパーティーで音楽を演奏した)	**2nd GRADE**
☐ go to **school**(学校へ行く)	☐ We learn English at **school**.(私たちは学校で英語を習っている)	WEEK 3
		WEEK 4
☐ a junior high school **student**(中学生)	☐ I'll be a high school **student** next year.(私は来年、高校生になる)	WEEK 5
☐ take a **picture**(写真を撮る)	☐ Which **picture** do you like?(あなたはどの絵が好きですか)	**3rd GRADE**
☐ eat with my **family**(私の家族と食事をする)	☐ This is a picture of my **family**.(これは私の家族の写真だ)	WEEK 6
☐ a **friend** of mine(私の友達の1人)	☐ I made **friends** with Dylan.(私はディランと友達になった)	WEEK 7
		WEEK 8

Day 5 》CD-A05 **Quick Review** 答えは左ページ下

☐ house ☐ pen ☐ desk ☐ bed
☐ teacher ☐ ball ☐ cup ☐ sport
☐ bag ☐ book ☐ pencil ☐ notebook
☐ room ☐ name ☐ train ☐ car

Day 7

★★★
1st GRADE__名詞 3

Check 1　　🔊 Listen 🎵 CD-A07

□ 097 高
party
/páːrti/
パーティ

名 パーティー

⊕ have a partyで「パーティーを開く」

□ 098 高
TV
/tíːvíː/
ティーヴィー

名 テレビ

⊕ televisionの短縮形；on TVで「テレビで」

□ 099 高　❶発音注意
people
/píːpl/
ピーポゥ

名 人々；国民

□ 100 高
park
/páːrk/
パーク

名 公園

⊕ amusement parkで「遊園地」

□ 101 高
city
/síti/
スィティ

名 都市、都会；市

□ 102 高
bike
/báik/
バイク

名 自転車

⊕ bicycleの短縮形

□ 103 高
thing
/θíŋ/
シング

名 もの；こと

□ 104
world
/wə́ːrld/
ワーゥド

名 世界

⊕ all over the worldで「世界中で[の]」；around the worldで「世界各地の[に]」

to be continued
▼

WEEK 1は今日で最後。余裕があればこの後の「テーマ別英単語帳」もチェックしよう。まとめて覚えると定着しやすいよ。

☐ 聞くだけモード　Check 1
☐ しっかりモード　Check 1 ▶ 2
☐ かんぺきモード　Check 1 ▶ 2 ▶ 3

1st GRADE

Check 2

☐ enjoy a **party**(パーティーを楽しむ)

☐ see him on **TV**(彼をテレビで見る)

☐ old **people**(年配の人々)

☐ play in a **park**(公園で遊ぶ)

☐ a big **city**(大都市)

☐ ride a **bike**(自転車に乗る)

☐ all the **things**(すべてのもの)

☐ people all over the **world**(世界中の人々)

Check 3

☐ This is a great **party**.(これはすごいパーティーだ)

☐ I watched **TV** after dinner.(私は夕食の後、テレビを見た)

☐ A lot of **people** like him.(たくさんの人々が彼を好きだ)

☐ I go to the **park** every Sunday.(毎週日曜日、私はその公園に行く)

☐ My grandfather lives in this **city**.(私の祖父はこの市に住んでいる)

☐ I go to school by **bike**.(私は自転車で学校に行く)

☐ He knows many **things**.(彼は多くのことを知っている)

☐ A lot of people live in this **world**.(この世界にはたくさんの人々が住んでいる)

WEEK 1

WEEK 2

2nd GRADE

WEEK 3

WEEK 4

WEEK 5

3rd GRADE

WEEK 6

WEEK 7

WEEK 8

to be continued

Day 7

Check 1 🔊 Listen 》CD-A07

□ 105
question
/kwéstʃən/
クウェスチャン

名 質問(⇔answer)

□ 106 高 ❶発音注意
phone
/fóun/
フォウン

名 電話

➕ telephoneの短縮形

□ 107 高
classroom
/klǽsrù:m/
クラァスルーム

名 教室

□ 108 高
player
/pléiər/
プレイアー

名 選手；演奏者

動 play (遊ぶ)

□ 109 高
animal
/ǽnəməl/
アニモゥ

名 動物

➕ stuffed animalで「ぬいぐるみ」；endangered animalで「絶滅の危機にひんしている動物」

□ 110
box
/báks/
バクス

名 箱

□ 111 ❶発音注意
boat
/bóut/
ボウト

名 ボート、船

□ 112 ❶発音注意
camera
/kǽmərə/
キャマラ

名 カメラ

Day 6 》CD-A06
Quick Review
答えは右ページ下

- □ 男の人
- □ ドア
- □ 時間
- □ クラブ
- □ 女の人
- □ テーブル
- □ 授業
- □ バス
- □ ペット
- □ いす
- □ 音楽
- □ 学校
- □ 生徒
- □ 絵
- □ 家族
- □ 友達

Check 2

- ask a **question**(質問をする)

- talk on the **phone**(電話で話す)

- sit in a **classroom**(教室ですわっている)

- a violin **player**(バイオリン奏者)

- small **animals**(小動物)

- open a **box**(箱を開ける)

- a large **boat**(大きなボート)

- my father's **camera**(私の父のカメラ)

Check 3

- I have some **questions**.(私は質問があります)

- Can I use the **phone**?(電話を使ってもいいですか)

- We study in this **classroom**.(私たちはこの教室で勉強する)

- He is a good tennis **player**.(彼はよいテニスの選手だ[彼はテニスが上手だ])

- I like **animals**.(私は動物が好きだ)

- What is in the **box**?(その箱の中には何がありますか)

- We took a **boat** there.(私たちはそこでボートに乗った)

- Do you have a **camera**?(あなたはカメラを持っていますか)

1st GRADE

WEEK 1

WEEK 2

2nd GRADE

WEEK 3

WEEK 4

WEEK 5

3rd GRADE

WEEK 6

WEEK 7

WEEK 8

Day 6 CD-A06
Quick Review
答えは左ページ下

- man
- door
- time
- club
- woman
- table
- class
- bus
- pet
- chair
- music
- school
- student
- picture
- family
- friend

まとめて覚えよう！
テーマ別英単語帳

このコーナーでは、テーマ別に学習した方が覚えやすい・使いやすい単語をまとめて紹介します。

❶ 時

🎧 Listen)) CD-A08

day [déi] デイ	名 日、昼間
morning [mɔ́ːrniŋ] モーニング	名 朝、午前
afternoon [æftərnúːn] アフターヌーン	名 午後
noon [núːn] ヌーン	名 正午
evening [íːvniŋ] イーヴニング	名 夕方、晩
night [náit] ナイト	名 夜
week [wíːk] ウィーク	名 週
weekend [wíːkènd] ウィーケンド	名 週末
month [mʌ́nθ] マンス	名 月
season [síːzn] スィーズン	名 季節
year [jíər] イアー	名 1年
minute [mínit] ミニット	名 分、少しの間
hour [áuər] アウアー	名 1時間
tonight [tənáit] トゥナイト	名 今夜
midnight [mídnàit] ミッドナイト	名 夜の12時、真夜中
moment [móumənt] モウメント	名 瞬間、ちょっとの間

Wait a minute.
（ちょっと待って）

1st GRADE (中学1年生レベル)
WEEK 2

今日から WEEK 2 です。毎日の学習のペースはつかめてきましたか？ 今週は、中学1年生レベルの名詞に加え、形容詞、副詞まで、幅広く学びます。では、Day 8 をスタート！

Day 8【名詞 4】
▶ 48
Day 9【名詞 5】
▶ 52
Day 10【名詞 6】
▶ 56
Day 11【名詞 7】
▶ 60
Day 12【形容詞 1】
▶ 64
Day 13【形容詞 2】
▶ 68
Day 14【副詞】
▶ 72

テーマ別英単語帳
❷ 地名・言語 1
▶ 76

英語でコレ言える？
Can you say this in English?
（　）に入る語が分かるかな？

▼

ボクはこの歌が好きだ。
I like this (　　).

でも…
But …

彼女が歌うと、好きじゃない。
I don't like it when she's singing it.

▼

答えは Day 8 でチェック！

Day 8

★★★
1st GRADE＿名詞 ❹

Check 1　🔊 Listen 🔊 CD-A09

□ 113 高
tree
/tríː/
チュリー

名 木

➕cherry treeで「桜の木」

□ 114 高　❶発音注意
flower
/fláuər/
フラウアー

名 花

□ 115　❶発音注意
girl
/gə́ːrl/
ガーゥ

名 少女(⇔boy)

□ 116
homework
/hóumwə̀ːrk/
ホウムワーク

名 宿題

□ 117
window
/wíndou/
ウィンドウ

名 窓

□ 118 高
fun
/fʌ́n/
ファン

名 おもしろいこと[もの]、楽しみ；楽しみを与える人[もの]
形 funny(おもしろい)
➕sounds (like) funで「おもしろそうだ」

□ 119 高
sea
/síː/
スィー

名 海

□ 120 高
boy
/bɔ́i/
ボイ

名 少年(⇔girl)

to be continued

今週も引き続き、中学1年生レベルの英単語をチェック。時間に余裕がある日は、Check 2、3も読んでみよう。

- □ 聞くだけモード　Check 1
- □ しっかりモード　Check 1 ▶ 2
- □ かんぺきモード　Check 1 ▶ 2 ▶ 3

1st GRADE

WEEK 1

WEEK 2

2nd GRADE

WEEK 3

WEEK 4

WEEK 5

3rd GRADE

WEEK 6

WEEK 7

WEEK 8

Check 2

- □ a big **tree**(大きな木)
- □ a beautiful **flower**(きれいな花)
- □ a good **girl**(よい少女)
- □ have a lot of **homework**(宿題がたくさんある)
- □ open a **window**(窓を開ける)
- □ have **fun**(楽しむ)
- □ go to the **sea**(海に行く)
- □ a tall **boy**(背の高い少年)

Check 3

- □ We sat under a **tree**.(私たちは木の下にすわった)
- □ My brother likes **flowers**.(私の弟は花が好きだ)
- □ Do you know that tall **girl**?(あの背の高い少女を知っていますか)
- □ I'm doing my **homework**.(私は宿題をしている)
- □ I cleaned the **window**.(私は窓をそうじした)
- □ This game is **fun**.(このゲームはおもしろいものだ[このゲームはおもしろい])
- □ I want to live by the **sea**.(私は海のそばで暮らしたい)
- □ She is talking with a **boy**.(彼女は少年と話している)

to be continued
▼

Day 8

Check 1 🔊 Listen)) CD-A09

□ 121 高
word
/wə́ːrd/
ワード
名語、単語；言葉

□ 122 高
member
/mémbər/
メンバー
名一員、メンバー

□ 123 高
star
/stáːr/
スター
名星；(芸能・スポーツ界の)有名人、スター

➕ the Star Festivalで「七夕祭り」

□ 124 高
sky
/skái/
スカイ
名空

□ 125 高
song
/sɔ́ːŋ/
ソーング
名歌

□ 126
birthday
/bə́ːrθdèi/
バースデイ
名誕生日

□ 127 ❶アクセント注意
computer
/kəmpjúːtər/
カンピューター
名コンピューター

➕ personal computerで「パソコン」

□ 128 高
math
/mǽθ/
マァス
名数学

Day 7)) CD-A07
Quick Review
答えは右ページ下

□ パーティー
□ テレビ
□ 人々
□ 公園

□ 都市
□ 自転車
□ もの
□ 世界

□ 質問
□ 電話
□ 教室
□ 選手

□ 動物
□ 箱
□ ボート
□ カメラ

Check 2	Check 3	
☐ a Japanese **word**(日本語の言葉)	☐ I don't know this **word**.(私はこの単語を知らない)	1st GRADE
		WEEK 1
☐ **member** of a class(クラスの一員)	☐ I'm a **member** of the baseball club.(私は野球部のメンバーだ)	WEEK 2
☐ a rock **star**(ロックスター)	☐ Do you know the name of that **star**?(あの星の名前を知っていますか)	2nd GRADE
☐ the blue **sky**(青空)	☐ I can see a lot of stars in the **sky**.(空にたくさんの星が見える)	WEEK 3
		WEEK 4
☐ listen to a **song**(歌を聞く)	☐ I like this **song**.(私はこの歌が好きだ)	WEEK 5
☐ a **birthday** present(誕生日プレゼント)	☐ I went to her **birthday** party.(私は彼女の誕生日パーティーに行った)	3rd GRADE
☐ use a **computer**(コンピューターを使う)	☐ I have a **computer**.(私はコンピューターを持っている)	WEEK 6
		WEEK 7
☐ a **math** class(数学の授業)	☐ Are you good at **math**?(あなたは数学が得意ですか)	WEEK 8

Day 7))) CD-A07
Quick Review
答えは左ページ下

☐ party ☐ city ☐ question ☐ animal
☐ TV ☐ bike ☐ phone ☐ box
☐ people ☐ thing ☐ classroom ☐ boat
☐ park ☐ world ☐ player ☐ camera

Day 9

★★★
1st GRADE__名詞 **5**

Check 1　🔊 Listen 》 CD-A10

□ 129 高　❶アクセント注意
classmate
/klǽsmèit/
クラァスメイト

名同級生、クラスメート

□ 130　❶アクセント注意
vacation
/veikéiʃən/
ヴェイケイシャン

名休暇(きゅうか)、休日

□ 131
kitchen
/kítʃən/
キッチン

名台所

□ 132
date
/déit/
デイト

名日付、日

□ 133 高　❶発音注意
team
/tíːm/
ティーム

名チーム

❶I'm on the ～ team. で「私は～チームのメンバーだ」

□ 134 高
number
/nʌ́mbər/
ナンバー

名数

❶a number of ～(複数名詞)で「いくつかの～、多数の～」; in numberで「数の上では、総数で」

□ 135
moon
/múːn/
ムーン

名月

□ 136　❶発音注意
comic
/kάmik/
カミック

名マンガ　**形**マンガの

---

to be continued
▼

単語を覚えたら、付属の赤いチェックシートを使って復習してみよう。Check 1〜3の赤字の部分がすぐに分かるかどうか試してね。

☐ 聞くだけモード　Check 1
☐ しっかりモード　Check 1 ▶ 2
☐ かんぺきモード　Check 1 ▶ 2 ▶ 3

1st GRADE

Check 2 | Check 3

WEEK 1

☐ **classmate** in high school（高校の同級生）
☐ Carrie is my **classmate**.（キャリーは私の同級生だ）

WEEK 2

☐ summer **vacation**（夏休み）
☐ What are you going to do on your **vacation**?（あなたは休暇中に何をする予定ですか）

2nd GRADE

☐ a clean **kitchen**（きれいな台所）
☐ My mother is cooking in the **kitchen**.（私の母は台所で料理をしている）

WEEK 3

☐ the **date** of a test（テストの日付）
☐ What's the **date** today?（今日は何日ですか）

WEEK 4

WEEK 5

☐ a volleyball **team**（バレーボールのチーム）
☐ Our **team** won the game.（私たちのチームは試合に勝った）

3rd GRADE

☐ the **number** of people（人々の数）
☐ A **number** of people came to hear the speech.（多くの人々がスピーチを聞きに来た）

WEEK 6

☐ a half **moon**（半月）
☐ I want to go to the **moon** someday.（私はいつか月に行きたい）

WEEK 7

WEEK 8

☐ read **comics**（マンガを読む）
☐ Japanese **comics** are famous all over the world.（日本のマンガは世界中で有名だ）

to be continued ▼

Day 9

Check 1 🎧Listen 》CD-A10

□ 137 高 ❶発音注意
color
/kʌ́lər/
カラー

名 **色**

形 colorful(色とりどりの)

□ 138
present
/préznt/
プレズント

名 **プレゼント**；現在

□ 139 高
street
/stríːt/
スチュリート

名 **通り、街路**

□ 140
left
/léft/
レフト

名 **左**(⇔right)　副 **左へ**　動 **leaveの過去形・過去分詞形**

➕ on your leftで「左側に」

□ 141 高
corner
/kɔ́ːrnər/
コーナー

名 **角**(かど)

□ 142 高
river
/rívər/
リヴァー

名 **川**

□ 143 高
paper
/péipər/
ペイパー

名 **紙**　形 **紙の**

□ 144 高 ❶発音注意
sign
/sáin/
サイン

名 **標識**；身ぶり；記号　動 **身ぶりで〜を伝える**

➕ sign languageで「手話」

Day 8 》CD-A09 Quick Review 答えは右ページ下	□木 □花 □少女 □宿題	□窓 □おもしろいこと □海 □少年	□語 □一員 □星 □空	□歌 □誕生日 □コンピューター □数学

Check 2

- ☐ the **color** of my hair(私の髪の色)
- ☐ get a **present**(プレゼントをもらう)
- ☐ across the **street**(通りを横切って)
- ☐ turn to the **left**(左に曲がる)
- ☐ at the **corner** of the street(通りの角に)
- ☐ a long **river**(長い川)
- ☐ be made of **paper**(紙でできている)
- ☐ a road **sign**(道路標識)

Check 3

- ☐ What is your favorite **color**?(あなたの好きな色は何ですか)
- ☐ I gave her a **present**.(私は彼女にプレゼントをあげた)
- ☐ The **street** was full of people.(通りは人々でいっぱいだった)
- ☐ You'll see a tall building on your **left**.(あなたの左に高い建物が見えるでしょう)
- ☐ Turn left at the next **corner**.(次の角で左に曲がりなさい)
- ☐ They went down the **river** by boat.(彼らはボートで川を下った)
- ☐ He wrote something on the **paper**.(彼は紙に何かを書いた)
- ☐ Can you see the **sign** over there?(あそこの標識が見えますか)

1st GRADE
WEEK 1
WEEK 2
2nd GRADE
WEEK 3
WEEK 4
WEEK 5
3rd GRADE
WEEK 6
WEEK 7
WEEK 8

Day 8))CD-A09
Quick Review
答えは左ページ下

- ☐ tree
- ☐ flower
- ☐ girl
- ☐ homework
- ☐ window
- ☐ fun
- ☐ sea
- ☐ boy
- ☐ word
- ☐ member
- ☐ star
- ☐ sky
- ☐ song
- ☐ birthday
- ☐ computer
- ☐ math

Day 10

1st GRADE __ 名詞 6

Check 1 🔊 Listen 🎵 CD-A11

□ 145 高
festival
/féstəvəl/
フェスタヴァゥ

名 祭り

⊕ school festival で「文化祭」

□ 146 高
movie
/múːvi/
ムーヴィ

名 映画

□ 147 高
art
/άːrt/
アート

名 芸術、美術

名 artist(芸術家)

□ 148 高
beach
/bíːtʃ/
ビーチ

名 浜辺、海辺

□ 149 ❗アクセント注意
eraser
/iréisər/
イレイサー

名 消しゴム

□ 150
racket
/rǽkit/
ラァキト

名 ラケット

□ 151
zoo
/zúː/
ズー

名 動物園

名 zookeeper(動物園の飼育係)

□ 152
course
/kɔ́ːrs/
コース

名 進路、針路；講座

⊕ of course で「もちろん」

to be continued
▼

festivalやmovieは日本語にもなっているから覚えやすいね。発音をしっかりCDで聞いて、日本語の音との違いを感じよう。

- ☐ 聞くだけモード Check 1
- ☐ しっかりモード Check 1 ▶ 2
- ☐ かんぺきモード Check 1 ▶ 2 ▶ 3

1st GRADE

WEEK 1

WEEK 2

Check 2

☐ a movie **festival**（映画祭）

☐ an old **movie**（古い映画）

☐ an **art** class（美術の授業）

☐ spend summer on the **beach**（海辺で夏を過ごす）

☐ use an **eraser**（消しゴムを使う）

☐ bring a **racket**（ラケットを持ってくる）

☐ go to a **zoo**（動物園に行く）

☐ take a computer **course**（コンピューターの講座を取る）

Check 3

☐ The Gion **Festival** is held in Kyoto in July.（祇園祭は京都で7月に開かれる）

☐ We went to see a **movie** yesterday.（昨日、私たちは映画を見に行った）

☐ Music is a type of **art**.（音楽は芸術の1つの種類である）

☐ We walked on the **beach**.（私たちは浜辺を歩いた）

☐ I can't find my **eraser**.（私の消しゴムが見つからない）

☐ My mother bought me a **racket**.（私の母は私にラケットを買った）

☐ We saw a lot of animals at the **zoo**.（私たちは動物園でたくさんの動物を見た）

☐ The plane changed **course** for New York.（飛行機はニューヨークに針路を変更した）

2nd GRADE

WEEK 3

WEEK 4

WEEK 5

3rd GRADE

WEEK 6

WEEK 7

WEEK 8

to be continued ▼

Day 10

Check 1 ♪Listen))CD-A11

□ 153
dish
/díʃ/
ディッシュ

名皿；料理

□ 154 ❶アクセント注意
umbrella
/ʌmbrélə/
アンブレラ

名かさ

□ 155
schoolyard
/skúːljɑ̀ːrd/
スクーゥヤード

名校庭

□ 156 高
chance
/tʃǽns/
チャンス

名機会、チャンス

✚have a chance to doで「～する機会がある」

□ 157 ❶アクセント注意
university
/jùːnəvə́ːrsəti/
ユーニヴァーシティ

名大学、総合大学

□ 158 ❶発音注意
danger
/déindʒər/
デインヂャー

名危険

形dangerous（危険な）
✚be in dangerで「危険な状態にある」；in danger of ～で「～の危険に直面して」

□ 159
toy
/tɔ́i/
トイ

名おもちゃ

□ 160 高
painting
/péintiŋ/
ペインティング

名絵

動paint（～を描く）
名painter（画家）

Day 9))CD-A10
Quick Review
答えは右ページ下

- □ 同級生
- □ 休暇
- □ 台所
- □ 日付
- □ チーム
- □ 数
- □ 月
- □ マンガ
- □ 色
- □ プレゼント
- □ 通り
- □ 左
- □ 角
- □ 川
- □ 紙
- □ 標識

Check 2	Check 3	
☐ wash the **dishes**(皿を洗う)	☐ All the **dishes** look good.(どの料理もおいしそうだ)	1st GRADE / WEEK 1
☐ take an **umbrella**(かさを持っていく)	☐ I left my **umbrella** on the train.(私はかさを電車に忘れた)	WEEK 2
☐ clean a **schoolyard**(校庭をそうじする)	☐ The children were playing in the **schoolyard**.(子どもたちは校庭で遊んでいた)	2nd GRADE
☐ miss a **chance**(チャンスをのがす)	☐ I won't have a **chance** to see her this week.(私は今週、彼女に会う機会がない)	WEEK 3
		WEEK 4
☐ a **university** student(大学生)	☐ My brother is studying Chinese at **university**.(私の兄は大学で中国語を勉強している)	WEEK 5
☐ out of **danger**(危険を脱して)	☐ The people in the city are in **danger** of developing health problems.(その市の人々は健康問題が生じる危険にある)	3rd GRADE
☐ play with **toys**(おもちゃで遊ぶ)	☐ The parents bought their children some **toys**.(両親は彼らの子どもたちにおもちゃを買った)	WEEK 6
☐ paint an oil **painting**(油絵を描く)	☐ There was an expensive **painting** on the wall.(壁には高価な絵があった)	WEEK 7
		WEEK 8

Day 9))CD-A10
Quick Review
答えは左ページ下

☐ classmate ☐ team ☐ color ☐ corner
☐ vacation ☐ number ☐ present ☐ river
☐ kitchen ☐ moon ☐ street ☐ paper
☐ date ☐ comic ☐ left ☐ sign

Day 11

★★★
1st GRADE＿名詞 7

Check 1   ◎ Listen 》 CD-A12

□ 161
balloon
/bəlúːn/
バルーン

名 風船；気球

□ 162
gift
/ɡíft/
ギフト

名 贈り物；才能

□ 163 高 ❶発音注意
bottle
/bάtl/
バトゥ

名 びん

➕ a bottle of ～で「びん1本の」；plastic bottleで「ペットボトル」

□ 164
doll
/dάl/
ダゥ

名 人形

□ 165 高 ❶発音注意
photo
/fóutou/
フォウトウ

名 写真

名 photographer（写真家）
➕ photographの短縮形

□ 166 ❶発音注意
hobby
/hάbi/
ハビ

名 趣味

□ 167 ❶アクセント注意
uniform
/júːnəfɔ̀ːrm/
ユーナフォーム

名 制服、ユニフォーム

□ 168
bath
/bǽθ/
バァス

名 入浴；ふろ場；浴そう

to be continued
▼

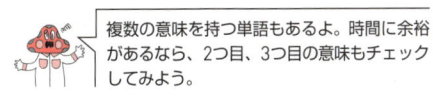

複数の意味を持つ単語もあるよ。時間に余裕があるなら、2つ目、3つ目の意味もチェックしてみよう。

- ☐ 聞くだけモード　Check 1
- ☐ しっかりモード　Check 1 ▶ 2
- ☐ かんぺきモード　Check 1 ▶ 2 ▶ 3

1st GRADE

Check 2 | Check 3

WEEK 1

☐ fly a **balloon**(風船を飛ばす) ▶ ☐ The child got a **balloon** at the festival.(その子どもは祭りで風船を手に入れた)

WEEK 2

☐ look for a **gift**(贈り物を探す) ▶ ☐ This is a **gift** for you.(これはあなたへの贈り物です)

2nd GRADE

☐ a milk **bottle**(牛乳びん) ▶ ☐ He bought me a **bottle** of cola.(彼は私にコーラを1びん買った)

WEEK 3

☐ a French **doll**(フランス人形) ▶ ☐ She is collecting **dolls**.(彼女は人形を集めている)

WEEK 4

WEEK 5

☐ a **photo** of my parents(私の両親の写真) ▶ ☐ I took a lot of **photos** on the tour.(私は旅行でたくさんの写真を撮った)

3rd GRADE

☐ have a **hobby**(趣味を持つ) ▶ ☐ My **hobby** is playing the piano.(私の趣味はピアノをひくことだ)

WEEK 6

☐ wear a school **uniform**(学校の制服を着る) ▶ ☐ I go to school in **uniform**.(私は制服で学校に行く)

WEEK 7

WEEK 8

☐ take a **bath**(ふろに入る) ▶ ☐ She called me when I got out of the **bath**.(私がふろを出た時、彼女が電話をかけてきた)

to be continued ▼

Day 11

Check 1 🅛Listen CD-A12

□ 169 ❶発音注意
pocket
/pákit/
パキト

🈐ポケット

□ 170 ❶アクセント注意
magazine
/mǽgəzíːn/
マァガズィーン

🈐雑誌

□ 171
cafeteria
/kæ̀fətíəriə/
キャフェティリア

🈐カフェテリア

□ 172 ❶発音注意
curry
/kə́ːri/
カーリー

🈐カレー；カレー料理

□ 173
earth
/ə́ːrθ/
アース

🈐地球

□ 174
gym
/dʒím/
ヂム

🈐体育館；スポーツジム；体育

□ 175 高 ❶発音注意
shopping
/ʃápiŋ/
シャピング

🈐買い物

動🈐shop(買い物をする；店)
❶go shoppingで「買い物に行く」

□ 176
stair
/stéər/
ステア

🈐階段

❶stairsと複数形で使うことが多い

| Day 10))) CD-A11
Quick Review
答えは右ページ下 | □ 祭り
□ 映画
□ 芸術
□ 浜辺 | □ 消しゴム
□ ラケット
□ 動物園
□ 進路 | □ 皿
□ かさ
□ 校庭
□ 機会 | □ 大学
□ 危険
□ おもちゃ
□ 絵 |

Check 2	Check 3	
☐ have something in his **pocket**(彼のポケットに何かを入れている)	☐ Her **pocket** was full of candies.(彼女のポケットはキャンディーでいっぱいだった)	1st GRADE WEEK 1
☐ read a **magazine**(雑誌を読む)	☐ I'm going to buy some **magazines** at the shop.(私は店で何冊か雑誌を買うつもりだ)	WEEK 2
☐ have coffee at a **cafeteria**(カフェテリアでコーヒーを飲む)	☐ This is one of the most popular **cafeterias** in this town.(ここはこの町で最も人気のあるカフェテリアの1つだ)	2nd GRADE
☐ make **curry**(カレーを作る)	☐ I often eat **curry** for lunch.(私は昼食にカレーをよく食べる)	WEEK 3
		WEEK 4
☐ live on the **earth**(地球に住む)	☐ The **earth** is beautiful.(地球は美しい)	WEEK 5
☐ play basketball in the **gym**(体育館でバスケットボールをする)	☐ My mother goes to a **gym** twice a week.(私の母は週に2回スポーツジムに通っている)	3rd GRADE
☐ go out for **shopping**(買い物に出かける)	☐ My sister loves **shopping**.(私の姉は買い物が大好きだ)	WEEK 6
☐ the top of the **stairs**(階段の一番上)	☐ I ran up the **stairs**.(私は階段をかけ上がった)	WEEK 7
		WEEK 8

Day 10))) CD-A11
Quick Review
答えは左ページ下

☐ festival
☐ movie
☐ art
☐ beach
☐ eraser
☐ racket
☐ zoo
☐ course
☐ dish
☐ umbrella
☐ schoolyard
☐ chance
☐ university
☐ danger
☐ toy
☐ painting

Day 12

1st GRADE__形容詞 **1**

Check 1　Listen CD-A13

□ 177 高
good
/gúd/
グッド

形 **よい**；**上手な**；**おいしい**

活用 better(ベター)-best(ベスト)
●be good at ~で「~が上手だ」

□ 178 高
big
/bíg/
ビッグ

形 **大きい**

□ 179 高
some
/sám/
サム

形 **いくつかの**、**いくらかの**；**ある~**

●some of ~で「~のうちいくつか」；for some time で「しばらくの間」

□ 180 高
long
/lɔ́:ŋ/
ローング

形 (距離、時間が)**長い**(⇔short)

●for a long time で「長い間」

□ 181 高 ●発音注意
many
/méni/
メニィ

形 **たくさんの**(⇔few)

活用 more(モア)-most(モウスト)
●How many ~? で「いくつ~ですか」；many times で「何回も」

□ 182 高 ●発音注意
small
/smɔ́:l/
スモーゥ

形 **小さい**

□ 183 高
late
/léit/
レイト

形 **遅れた**(⇔early)　副 **遅れて**

●be late for ~で「~に遅れる」

□ 184 高
nice
/náis/
ナイス

形 **よい**、**すてきな**；**親切な**

●Have a nice day. で「よい1日を」

to be continued

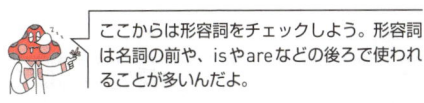

ここからは形容詞をチェックしよう。形容詞は名詞の前や、isやareなどの後ろで使われることが多いんだよ。

- ☐ 聞くだけモード　Check 1
- ☐ しっかりモード　Check 1 ▶ 2
- ☐ かんぺきモード　Check 1 ▶ 2 ▶ 3

1st GRADE

WEEK 1

WEEK 2

Check 2

- ☐ a **good** book（よい本）
- ☐ two **big** bears（2匹の大きなクマ）
- ☐ **some** cars（何台かの車）
- ☐ a **long** pencil（長いえんぴつ）
- ☐ **many** chairs（たくさんのいす）
- ☐ a **small** desk（小さい机）
- ☐ be **late** for school（学校に遅れる）
- ☐ a **nice** boy（親切な少年）

Check 3

- ☐ He is **good** at sports.（彼はスポーツが上手だ）
- ☐ This apple is **big**.（このリンゴは大きい）
- ☐ I had **some** coffee.（私はいくらかのコーヒーを飲んだ）
- ☐ He took a **long** vacation.（彼は長期休暇を取った）
- ☐ He has **many** friends.（彼にはたくさんの友達がいる）
- ☐ This dog is very **small**.（この犬はとても小さい）
- ☐ It was too **late**.（それは遅すぎた）
- ☐ They live in a **nice** house.（彼らはよい家に住んでいる）

2nd GRADE

WEEK 3

WEEK 4

WEEK 5

3rd GRADE

WEEK 6

WEEK 7

WEEK 8

to be continued

Day 12

Check 1　🔊 Listen))) CD-A13

□ 185 高
any
/éni/
エニ

形(疑問文で)**いくつか**；(否定文で)**何も(〜ない)**

□ 186 高
fine
/fáin/
ファイン

形**元気な**；**すばらしい**；**晴れた**

□ 187 高
all
/ɔ́ːl/
オーゥ

形**すべての**　代**すべてのもの**

⊕ in allで「全部で」；not 〜 at allで「少しも〜ない」；That's all.で「以上です」；all over 〜で「〜のいたる所で」；all dayで「1日中」

□ 188 高
new
/njúː/
ニュー

形**新しい**(⇔old)

⊕ New Yearで「新年」

□ 189 高
every
/évri/
エヴリ

形**毎〜、どの〜も**

⊕ every dayで「毎日」；every other dayで「1日おき」

□ 190 高
sure
/ʃúər/
シュアー

形**確信して**；(be sure to doで)**きっと〜する**
副(返事で)**もちろん**

⊕ be sure (that) 〜で「〜だと確信している」；That's for sure.で「確かにそのとおり」

□ 191　❶発音注意
favorite
/féivərit/
フェイヴァリット

形**お気に入りの、大好きな**　名**お気に入りのもの**

□ 192 高
old
/óuld/
オウゥド

形**古い**(⇔new)、**年を取った**(⇔young)、(数を表す語とともに)**〜歳の**

⊕ How old 〜?で「〜は何歳ですか」；〜 year(s) oldで「〜歳」

Day 11))) CD-A12
Quick Review
答えは右ページ下

- □ 風船
- □ 贈り物
- □ びん
- □ 人形
- □ 写真
- □ 趣味
- □ 制服
- □ 入浴
- □ ポケット
- □ 雑誌
- □ カフェテリア
- □ カレー
- □ 地球
- □ 体育館
- □ 買い物
- □ 階段

Check 2	Check 3	
☐ don't have **any** pens(ペンを1本も[何も]持っていない)	☐ Do you have **any** brothers?(何人か兄弟がいますか)	1st GRADE / WEEK 1
☐ a **fine** view(すばらしい景色)	☐ I'm **fine**.(私は元気だ)	WEEK 2
☐ **all** the students(すべての生徒)	☐ I read **all** these books.(私はこれらすべての本を読んだ)	2nd GRADE
☐ a **new** teacher(新しい先生)	☐ I got a **new** computer.(私は新しいコンピューターを手に入れた)	WEEK 3
☐ **every** week(毎週)	☐ I drink milk **every** morning.(私は毎朝、牛乳を飲む)	WEEK 4 / WEEK 5
☐ be **sure** that you can do it(あなたはそれができると確信している)	☐ Are you **sure**?(確かですか)	3rd GRADE
☐ my **favorite** game(私のお気に入りのゲーム)	☐ This is my **favorite** picture.(これは私のお気に入りの絵だ)	WEEK 6 / WEEK 7
☐ an **old** piano(古いピアノ)	☐ I'm 15 years **old**.(私は15歳だ)	WEEK 8

Day 11 》CD-A12
Quick Review
答えは左ページ下

☐ balloon ☐ photo ☐ pocket ☐ earth
☐ gift ☐ hobby ☐ magazine ☐ gym
☐ bottle ☐ uniform ☐ cafeteria ☐ shopping
☐ doll ☐ bath ☐ curry ☐ stair

Day 13

★★★
1st GRADE＿形容詞 2

Check 1　🔊 Listen 🎵 CD-A14

☐ 193 高
popular
/pápjulər/
パピュラー

形 **人気のある**

➕ be popular with[among] ～で「～に人気のある」

☐ 194 高
next
/nékst/
ネクスト

形 **次の**　副 **次に**

➕ next to ～で「～のとなりの[に]」; next time で「この次」

☐ 195 高
happy
/hǽpi/
ハァピ

形 **幸せな、うれしい**(⇔unhappy)

➕ be happy to do で「喜んで～する」

☐ 196 高
beautiful
/bjúːtəfəl/
ビュータファゥ

形 **美しい、きれいな；すばらしい**

名 beauty（美しさ）

☐ 197 ❗発音注意
pretty
/príti/
プリティ

形 **かわいい、きれいな**　副 **かなり**

☐ 198 高
same
/séim/
セイム

形 **同じ**　名 **同じこと、もの**

➕ Same to you. で「こちらこそ、あなたもね」; at the same time で「それと同時に」; the same ～ as ... で「…と同じ～」

☐ 199 高
interesting
/íntərəstiŋ/
インタレスティング

形 **おもしろい、興味を起こさせる**

形 interested（興味のある）
名 interest（興味）

☐ 200 高
dear
/díər/
ディアー

形 （手紙の書き出しで）**親愛なる、～さま**
間 **おや、まあ**

to be continued
▼

WEEK 2ももう一息。今日出てくるnextはnext to ～という形で使うことが多いよ。➕マークの解説もチェックしてね。

- ☐ 聞くだけモード　Check 1
- ☐ しっかりモード　Check 1 ▶ 2
- ☐ かんぺきモード　Check 1 ▶ 2 ▶ 3

1st GRADE

Check 2 | Check 3

WEEK 1

WEEK 2

☐ a **popular** boy（人気のある少年）
▶ ☐ The player is **popular** with women.（その選手は女性に人気がある）

2nd GRADE

☐ **next** Sunday（次の日曜日）
▶ ☐ He sat **next** to me.（彼は私のとなりにすわった）

WEEK 3

☐ a **happy** family（幸せな家族）
▶ ☐ We are **happy** about that.（私たちはそのことでうれしい）

WEEK 4

☐ a **beautiful** woman（美しい女性）
▶ ☐ This picture is **beautiful**.（この絵は美しい）

WEEK 5

☐ a **pretty** child（かわいい子ども）
▶ ☐ She has a **pretty** dress.（彼女はきれいなドレスを持っている）

3rd GRADE

☐ the **same** room（同じ部屋）
▶ ☐ We go to the **same** school.（私たちは同じ学校に通っている）

WEEK 6

☐ an **interesting** book（おもしろい本）
▶ ☐ His lesson was **interesting**.（彼の授業はおもしろかった）

WEEK 7

☐ **Dear** Tom（親愛なるトム）
▶ ☐ The letter started with the words "**Dear** Friends."（手紙は「親愛なる友人たちへ」という言葉から始まった）

WEEK 8

to be continued
▼

Day 13

Check 1 🎧 Listen)) CD-A14

□ 201 sunny
/sʌ́ni/
サニ
形 日のよく当たる、晴れた

名 sun(太陽)

□ 202 cool
/kúːl/
クーゥ
形 すずしい(⇔warm)；かっこいい

□ 203 高 hungry
/hʌ́ŋgri/
ハングリ
形 空腹の、うえた

名 hunger(空腹、うえ)

□ 204 高 ❗発音注意 tired
/táiərd/
タイアード
形 疲れた；あきた

➕ get tiredで「疲れる」；be tired from ~で「~で疲れている」

□ 205 ❗発音注意 quiet
/kwáiət/
クワイエト
形 静かな

副 quietly(静かに、黙って)
➕ Be quiet.で「静かにしなさい」

□ 206 高 one
/wʌ́n/
ワン
形 1つの、1人の；ある(1つの)；ただ1つの
名 1つ、1人

➕ one dayで「ある日；いつか」；one of ~「~のうちの1つ」；no one ~「誰も~ない」

□ 207 thirsty
/θə́ːrsti/
サースティ
形 のどの渇いた

□ 208 高 welcome
/wélkəm/
ウェゥカム
形 (~に)歓迎される；喜ばしい   動 ~を歓迎する   間 (welcome to ~で)~にようこそ

➕ You're welcome.で「どういたしまして」

Day 12)) CD-A13
Quick Review
答えは右ページ下

- □ よい
- □ 大きい
- □ いくつかの
- □ 長い

- □ たくさんの
- □ 小さい
- □ 遅れた
- □ よい

- □ いくつか
- □ 元気な
- □ すべての
- □ 新しい

- □ 毎~
- □ 確信して
- □ お気に入りの
- □ 古い

Check 2

- ☐ a **sunny** room(日当たりのよい部屋)

- ☐ **cool** weather(すずしい天気)

- ☐ feel **hungry**(空腹を感じる)

- ☐ be **tired** from working(仕事で疲れている)

- ☐ keep **quiet**(静かにしている)

- ☐ **one** old building(ある古い建物)

- ☐ very **thirsty**(とてものどの渇いた)

- ☐ a **welcome** party(歓迎パーティー)

Check 3

- ☐ It's a **sunny** day today.(今日は晴れた日だ)

- ☐ Our country is not as **cool** as here.(私たちの国はここほどすずしくない)

- ☐ I was very **hungry** after the long walk.(長距離を歩いた後で、私はとても空腹だった)

- ☐ I'm getting **tired**. How about taking a rest?(疲れてきました。休けいするのはどうですか)

- ☐ Be **quiet**. I can't hear the speech.(静かにしなさい。スピーチが聞こえません)

- ☐ Tom has **one** German camera and two Japanese watches.(トムは1台のドイツ製のカメラと2本の日本製の腕時計を持っている)

- ☐ Drink water when you get **thirsty**.(のどが渇いたら水を飲みなさい)

- ☐ You are always **welcome** at my house.(あなたはわが家ではいつでも歓迎です)

1st GRADE — WEEK 1, WEEK 2
2nd GRADE — WEEK 3, WEEK 4, WEEK 5
3rd GRADE — WEEK 6, WEEK 7, WEEK 8

Day 12))) CD-A13
Quick Review
答えは左ページ下

- ☐ good
- ☐ big
- ☐ some
- ☐ long
- ☐ many
- ☐ small
- ☐ late
- ☐ nice
- ☐ any
- ☐ fine
- ☐ all
- ☐ new
- ☐ every
- ☐ sure
- ☐ favorite
- ☐ old

Day 14

1st GRADE＿副詞

Check 1　Listen)) CD-A15

□ 209 高
not
/nát/
ナット

副 ～でない

+ do not = don't、is not = isn't などと略す；not ～ but ... で「～ではなく…」

□ 210 高
very
/véri/
ヴェリ

副 **とても、非常に**

+ very much で「たいへん」

□ 211 高
there
/ðéər/
ゼァー

副 **そこに、そこで**

+ There is[are] ～. で「～がある」；over there で「向こうに」

□ 212 高
too
/túː/
トゥー

副 **～もまた；～すぎる**

+ Me, too. で「私もです」；too ～ to do で「あまりにも～なので…できない」

□ 213 高
today
/tədéi/
トゥデイ

副 **今日は、今日**　名 **今日**

□ 214 高　❶発音注意
now
/náu/
ナウ

副 **今、今日では；さて**　名 **今、現在**

+ right now で「すぐに」

□ 215 高
well
/wél/
ウェゥ

副 **上手に**　形 **健康な**　間 **ええと**

活用 better(ベター)-best(ベスト)
+ do well で「うまくやる、成功する」；get well で「(体調などが)よくなる」

□ 216 高
please
/plíːz/
プリーズ

副 **どうぞ、どうか**　動 **～を喜ばせる**

名 pleasure(喜び)

to be continued
▼

ここからは副詞をチェックしよう。「とても幸せな」と言う時の「とても」に当たるのが副詞だよ。動詞や形容詞にかかる言葉なんだ。

☐ 聞くだけモード　Check 1
☐ しっかりモード　Check 1 ▸ 2
☐ かんぺきモード　Check 1 ▸ 2 ▸ 3

1st GRADE

WEEK 1

WEEK 2

Check 2

☐ **don't** have a car（車を持っていない）

☐ **very** happy（とても幸せな）

☐ go **there**（そこに行く）

☐ **too** busy（忙しすぎる）

☐ see my friend **today**（今日は友達に会う）

☐ do it **now**（今、それをする）

☐ play the piano **well**（ピアノを上手にひく）

☐ **Please** help.（どうか助けてください）

Check 3

☐ This is**n't** mine.（これは私のものではない）

☐ We practiced **very** hard.（私たちはとても一生懸命練習した）

☐ You can swim **there**.（あなたはそこで泳ぐことができる）

☐ I like that song, **too**.（私もその歌が好きだ）

☐ I'm going to a party **today**.（私は今日、パーティーに行く）

☐ I'm having dinner **now**.（私は今、夕食を食べているところだ）

☐ He can speak English very **well**.（彼はとても上手に英語を話せる）

☐ Give me some water, **please**.（どうか水をください）

2nd GRADE

WEEK 3

WEEK 4

WEEK 5

3rd GRADE

WEEK 6

WEEK 7

WEEK 8

to be continued

Day 14

Check 1 🎧 Listen)) CD-A15

□ 217 高 ❗発音注意
usually
/júːʒuəli/
ユージュアリ

副 **普通、たいてい**

形 usual (いつもの)

□ 218 高
sometimes
/sʌ́mtàimz/
サムタイムズ

副 **時々**

□ 219 高
here
/híər/
ヒアー

副 **ここに、ここで**　間 (出席をとる時の返事で)**はい**

⊕Here is[are] ～.で「ここに～がある」; Here it is./Here you[they] are.で「はい、どうぞ」

□ 220 高 ❗発音注意
often
/ɔ́ːfən/
オーフン

副 **しばしば、よく**

⊕How often ～?で「何度～ですか」

□ 221 高
yesterday
/jéstərdèi/
イェスタデイ

副 **昨日は、昨日**　名 **昨日**

□ 222 高
again
/əɡén/
アゲン

副 **もう一度、再び**

⊕See you again.で「またね」; again and again で「何度もくり返して」

□ 223 高
ago
/əɡóu/
アゴウ

副 (今から)**～前に**

⊕～ years agoで「～年前に」

□ 224 高 ❗発音注意
o'clock
/əklɑ́k/
アクラック

副 **～時**

Day 13)) CD-A14
Quick Review
答えは右ページ下

☐ 人気のある　☐ かわいい　☐ 日のよく当たる　☐ 静かな
☐ 次の　　　　☐ 同じ　　　☐ すずしい　　　☐ 1つの
☐ 幸せな　　　☐ おもしろい　☐ 空腹の　　　　☐ のどの渇いた
☐ 美しい　　　☐ 親愛なる　　☐ 疲れた　　　　☐ 歓迎される

Check 2

- □ **usually** get up at 7:00(たいてい、7時に起きる)

- □ **sometimes** play tennis(時々テニスをする)

- □ wait **here**(ここで待つ)

- □ **often** get e-mails(よくEメールを受け取る)

- □ studied **yesterday**(昨日、勉強した)

- □ see him **again**(もう一度彼に会う)

- □ three days **ago**(3日前に)

- □ 10 **o'clock** in the morning(朝10時)

Check 3

- □ I **usually** walk to school.(私は普通、学校へ歩いて行く)

- □ We **sometimes** go to a restaurant.(私たちは時々レストランに行く)

- □ We always play soccer **here**.(私たちはいつもここでサッカーをする)

- □ I **often** listen to music.(私はよく音楽を聞く)

- □ I played baseball **yesterday**.(私は昨日、野球をした)

- □ I'll come here **again**.(私はもう一度ここに来るだろう)

- □ He visited a year **ago**.(彼は1年前に訪れた)

- □ "What time is it now?" "It's 7 **o'clock**."(「今、何時ですか」「7時です」)

1st GRADE
WEEK 1
WEEK 2

2nd GRADE
WEEK 3
WEEK 4
WEEK 5

3rd GRADE
WEEK 6
WEEK 7
WEEK 8

Day 13)) CD-A14
Quick Review
答えは左ページ下

- □ popular
- □ next
- □ happy
- □ beautiful
- □ pretty
- □ same
- □ interesting
- □ dear
- □ sunny
- □ cool
- □ hungry
- □ tired
- □ quiet
- □ one
- □ thirsty
- □ welcome

まとめて覚えよう！
テーマ別英単語帳

このコーナーでは、テーマ別に学習した方が覚えやすい・使いやすい単語をまとめて紹介します。

❷ 地名・言語 1

🎧 Listen 》CD-A16

the U.S.A.
the U.S.
[ザ ユーエスエイ／ザ ユーエス]
名 アメリカ合衆国

American
[əmérikən]
アメリカン
名 アメリカ人
形 アメリカ(人)の

the U.K.
[ザ ユーケイ]
名 英国、イギリス

English
[íŋgliʃ]
イングリッシュ
名 英語　形 英語の

Canada
[kǽnədə]
キャナダ
名 カナダ

Canadian
[kənéidiən]
カネイディアン
名 カナダ人
形 カナダ(人)の

Australia
[ɔːstréiljə]
オーストュレイリャ
名 オーストラリア

Australian
[ɔːstréiljən]
オーストュレイリャン
名 オーストラリア人
形 オーストラリア(人)の

China
[tʃáinə]
チャイナ
名 中国

Chinese
[tʃainíːz]
チャイニーズ
名 中国語、中国人
形 中国(人)の

Japan
[dʒəpǽn]
ヂャパァン
名 日本

Japanese
[dʒæpəníːz]
ヂャパニーズ
名 日本語、日本人
形 日本(人)の

Korea
[kərí(ː)ə]
カリ(ー)ア
名 韓国

Korean
[kərí(ː)ən]
カリ(ー)アン
名 韓国語、韓国人
形 韓国(人)の

Russia
[rʌ́ʃə]
ラッシャ
名 ロシア

Russian
[rʌ́ʃən]
ラッシャン
名 ロシア語、ロシア人　形 ロシア(人)の

> **We'll visit Australia this summer.**
> (私たちは今年の夏にオーストラリアを訪れるつもりだ)

2nd GRADE（中学2年生レベル）
WEEK 3

ここからは中学2年生レベルの動詞と名詞を学びます。少しずつ難しい単語が増えてきますが、できるだけ毎日の学習ペースをキープするようにしましょう。

Day 15【動詞 1】
▶ 78
Day 16【動詞 2】
▶ 82
Day 17【動詞 3】
▶ 86
Day 18【動詞 4】
▶ 90
Day 19【名詞 1】
▶ 94
Day 20【名詞 2】
▶ 98
Day 21【名詞 3】
▶ 102

テーマ別英単語帳
❸ 地名・言語2／方角
▶ 106

英語でコレ言える？
Can you say this in English?
（　　）に入る語が分かるかな？

▼

彼に私のお気に入りの本を見せたの。
I (　　　　) him my favorite books.

彼はどう思ったの？
What did he think?

「この本にはどうして絵がないの？」だって。
He said, "Why don't they have any pictures?"

▼

答えは Day 15 でチェック！

Day 15

2nd GRADE__動詞 1 ★★★

Check 1　🔊 Listen 》CD-A17

□ 225 ❶発音注意
catch
/kǽtʃ/
キャッチ

動 **〜をつかまえる**、(列車)**に間に合う**、(病気)**にかかる**

活用 caught(**コート**)-caught

□ 226 ❶発音注意
change
/tʃéindʒ/
チェインヂ

動 **〜を変える**；**〜を取りかえる**　名 **つり銭**

➕ change 〜 into ...で「〜を…に変える」；Here's your change.で「おつりをどうぞ」

□ 227 高
practice
/prǽktis/
プラァクティス

動 **〜を練習する**；**練習する**　名 **練習**

□ 228 高
buy
/bái/
バイ

動 (…に)**〜を買う**(⇔sell)

活用 bought(**ボート**)-bought

□ 229 高
think
/θíŋk/
シンク

動 **〜と思う**；(think about[of] 〜で)**〜について[〜を]考える**

活用 thought(**ソート**)-thought
➕ I think so.で「私はそう思います」

□ 230 高
stop
/stáp/
スタップ

動 **〜をやめる**、(stop -ingで)**〜するのをやめる**、**〜を止める**；**止まる**　名 **駅、停留所**

➕ stop 〜 from -ingで「〜が…するのを止める」

□ 231 高
show
/ʃóu/
ショウ

動 (…に)**〜を見せる**；**〜をやって見せる**
名 **ショー**

活用 showed(**ショウド**)-showed/shown(**ショウン**)
➕ show 〜 around「(人)を案内して回る」

□ 232
sell
/sél/
セゥ

動 (…に)**〜を売る**(⇔buy)

活用 sold(**ソウゥド**)-sold
➕ be sold outで「売り切れた」

to be continued
▼

Check 2

- ☐ **usually** get up at 7:00 (たいてい、7時に起きる)
- ☐ **sometimes** play tennis (時々テニスをする)
- ☐ wait **here** (ここで待つ)
- ☐ **often** get e-mails (よくEメールを受け取る)
- ☐ studied **yesterday** (昨日、勉強した)
- ☐ see him **again** (もう一度彼に会う)
- ☐ three days **ago** (3日前に)
- ☐ 10 **o'clock** in the morning (朝10時)

Check 3

- ☐ I **usually** walk to school. (私は普通、学校へ歩いて行く)
- ☐ We **sometimes** go to a restaurant. (私たちは時々レストランに行く)
- ☐ We always play soccer **here**. (私たちはいつもここでサッカーをする)
- ☐ I **often** listen to music. (私はよく音楽を聞く)
- ☐ I played baseball **yesterday**. (私は昨日、野球をした)
- ☐ I'll come here **again**. (私はもう一度ここに来るだろう)
- ☐ He visited a year **ago**. (彼は1年前に訪れた)
- ☐ "What time is it now?" "It's 7 **o'clock**." (「今、何時ですか」「7時です」)

1st GRADE
WEEK 1
WEEK 2

2nd GRADE
WEEK 3
WEEK 4
WEEK 5

3rd GRADE
WEEK 6
WEEK 7
WEEK 8

Day 13))) CD-A14
Quick Review
答えは左ページ下

- ☐ popular
- ☐ next
- ☐ happy
- ☐ beautiful
- ☐ pretty
- ☐ same
- ☐ interesting
- ☐ dear
- ☐ sunny
- ☐ cool
- ☐ hungry
- ☐ tired
- ☐ quiet
- ☐ one
- ☐ thirsty
- ☐ welcome

まとめて覚えよう！
テーマ別英単語帳

このコーナーでは、テーマ別に学習した方が覚えやすい・使いやすい単語をまとめて紹介します。

❷ 地名・言語 1

🎧 Listen 》CD-A16

the U.S.A. / **the U.S.**
ザ ユーエスエイ／ザ ユーエス
名 アメリカ合衆国

American [əmérikən]
アメリカン
名 アメリカ人
形 アメリカ(人)の

the U.K.
ザ ユーケイ
名 英国、イギリス

English [íŋgliʃ]
イングリッシュ
名 英語　形 英語の

Canada [kǽnədə]
キャナダ
名 カナダ

Canadian [kənéidiən]
カネイディアン
名 カナダ人
形 カナダ(人)の

Australia [ɔːstréiljə]
オーストュレイリャ
名 オーストラリア

Australian [ɔːstréiljən]
オーストュレイリャン
名 オーストラリア人
形 オーストラリア(人)の

China [tʃáinə]
チャイナ
名 中国

Chinese [tʃainíːz]
チャイニーズ
名 中国語、中国人
形 中国(人)の

Japan [dʒəpǽn]
ヂャパァン
名 日本

Japanese [dʒæpəníːz]
ヂャパニーズ
名 日本語、日本人
形 日本(人)の

Korea [kərí(ː)ə]
カリ(ー)ア
名 韓国

Korean [kərí(ː)ən]
カリ(ー)アン
名 韓国語、韓国人
形 韓国(人)の

Russia [rʌ́ʃə]
ラッシャ
名 ロシア

Russian [rʌ́ʃən]
ラッシャン
名 ロシア語、ロシア人
形 ロシア(人)の

We'll visit **Australia** this summer.
（私たちは今年の夏にオーストラリアを訪れるつもりだ）

2nd GRADE (中学2年生レベル)
WEEK 3

ここからは中学2年生レベルの動詞と名詞を学びます。少しずつ難しい単語が増えてきますが、できるだけ毎日の学習ペースをキープするようにしましょう。

Day 15 【動詞 1】
▶ 78
Day 16 【動詞 2】
▶ 82
Day 17 【動詞 3】
▶ 86
Day 18 【動詞 4】
▶ 90
Day 19 【名詞 1】
▶ 94
Day 20 【名詞 2】
▶ 98
Day 21 【名詞 3】
▶ 102

テーマ別英単語帳
❸ 地名・言語2／方角
▶ 106

英語でコレ言える？
Can you say this in English?
(　　) に入る語が分かるかな？

彼に私のお気に入りの本を見せたの。
I (　　　) him my favorite books.

彼はどう思ったの？
What did he think?

「この本にはどうして絵がないの？」だって。
He said, "Why don't they have any pictures?"

答えはDay 15でチェック！

Day 15

★★☆

2nd GRADE＿動詞 **1**

Check 1 　🔊 Listen))) CD-A17

□ 225 ❶発音注意
catch
/kǽtʃ/
キャッチ

動 **〜をつかまえる**、(列車)**に間に合う**、(病気)**にかかる**

活用 caught(**コート**)-caught

□ 226 ❶発音注意
change
/tʃéindʒ/
チェインヂ

動 **〜を変える；〜を取りかえる**　名 **つり銭**

➕ change 〜 into ...で「〜を...に変える」；
Here's your change.で「おつりをどうぞ」

□ 227 高
practice
/præktis/
プラァクティス

動 **〜を練習する；練習する**　名 **練習**

□ 228 高
buy
/bái/
バイ

動 (...に)**〜を買う**(⇔sell)

活用 bought(**ボート**)-bought

□ 229 高
think
/θíŋk/
シンク

動 **〜と思う**；(think about[of] 〜で)**〜について[〜を]考える**

活用 thought(**ソート**)-thought
➕ I think so.で「私はそう思います」

□ 230 高
stop
/stáp/
スタップ

動 **〜をやめる**、(stop -ingで)**〜するのをやめる、〜を止める；止まる**　名 **駅、停留所**

➕ stop 〜 from -ingで「〜が...するのを止める」

□ 231 高
show
/ʃóu/
ショウ

動 (...に)**〜を見せる；〜をやって見せる**
名 **ショー**

活用 showed(**ショウド**)-showed/shown(**ショウン**)
➕ show 〜 around「(人)を案内して回る」

□ 232
sell
/sél/
セゥ

動 (...に)**〜を売る**(⇔buy)

活用 sold(**ソウゥド**)-sold
➕ be sold outで「売り切れた」

to be continued
▼

ここからは中学2年生レベルの単語をチェックしよう。難しそうな単語が増えてくるけれど、チャンツのリズムに乗って覚えてね。

- ☐ 聞くだけモード　Check 1
- ☐ しっかりモード　Check 1 ▶ 2
- ☐ かんぺきモード　Check 1 ▶ 2 ▶ 3

1st GRADE

WEEK 1

WEEK 2

Check 2

- ☐ **catch** a fish（魚をつかまえる）
- ☐ **change** trains（電車を乗りかえる）
- ☐ **practice** tennis（テニスの練習をする）
- ☐ **buy** some pencils（何本かえんぴつを買う）
- ☐ **think** about it（それについて考える）
- ☐ **stop** speaking（話すのをやめる）
- ☐ **show** him a new bike（彼に新しい自転車を見せる）
- ☐ **sell** a car（車を売る）

Check 3

- ☐ I **caught** a cold.（私はかぜをひいた）
- ☐ They **changed** the members of the team.（彼らはチームのメンバーを変えた）
- ☐ We **practiced** hard for the game.（私たちはその試合のために一生懸命練習した）
- ☐ She **bought** me a CD.（彼女は私にCDを買った）
- ☐ I **think** she is kind.（私は、彼女は優しいと思う）
- ☐ He **stopped** the car to speak to me.（彼は私に話しかけるために車を止めた）
- ☐ I **showed** him my favorite books.（私は彼にお気に入りの本を見せた）
- ☐ He **sold** me his computer for 10,000 yen.（彼は私に1万円でコンピューターを売った）

2nd GRADE

WEEK 3

WEEK 4

WEEK 5

3rd GRADE

WEEK 6

WEEK 7

WEEK 8

to be continued ▼

Day 15

Check 1 🎧 Listen 》CD-A17

□ 233 高
hear
/híər/
ヒァー

動 〜が聞こえる；〜を聞く

活用 heard(ハード)-heard
➕ hear from 〜 で「〜から聞く、連絡をもらう」；I hear (that) 〜. で「〜だそうだ」

□ 234 高
find
/fáind/
ファインド

動 〜を見つける；〜を発見する；(…が)〜だと分かる；(find out 〜で)〜を見つけ出す

活用 found(ファウンド)-found

□ 235 高
give
/gív/
ギヴ

動 (…に)〜を与える、〜をあげる

活用 gave(ゲイヴ)-given(ギヴン)
➕ give up -ing で「〜することをあきらめる」

□ 236 高
become
/bikʌ́m/
ビカム

動 (〜に)なる

活用 became(ビケイム)-become

□ 237 高 ❶発音注意
hope
/hóup/
ホウプ

動 〜を望む、(hope to do で)〜することを望む、〜だとよいと思う 名 希望

形 hopeful(希望に満ちた)

□ 238
bring
/bríŋ/
ブリング

動 (…に)〜を持ってくる

活用 brought(ブロート)-brought
➕ bring in 〜 で「〜をもたらす」

□ 239 高
feel
/fíːl/
フィーゥ

動 (〜の気分を)感じる；〜に触る；思う

活用 felt(フェット)-felt 名 feeling(感情)
➕ feel down で「落ち込む」；feel like -ing で「〜したい気がする」

□ 240 高 ❶発音注意
decide
/disáid/
ディサイド

動 〜を決める、(decide to do で)〜することを決める

| Day 14 》CD-A15 Quick Review 答えは右ページ下 | □ 〜でない
□ とても
□ そこに
□ 〜もまた | □ 今日は
□ 今
□ 上手に
□ どうぞ | □ 普通
□ 時々
□ ここに
□ しばしば | □ 昨日は
□ もう一度
□ 〜前に
□ 〜時 |

Check 2

- ☐ **hear** a voice (声が聞こえる)
- ☐ **find** him at the park (公園で彼を見つける)
- ☐ **give** him some money (彼に金を与える)
- ☐ **become** a teacher (先生になる)
- ☐ **hope** to be free (自由になりたいと望む)
- ☐ **bring** a book (本を持ってくる)
- ☐ **feel** fine (よい気分を感じる [よい気分だ])
- ☐ **decide** to be a doctor (医者になることを決める)

Check 3

- ☐ I **hear** you like comics. (あなたはマンガが好きだそうですね)
- ☐ I **found** that he is good at science. (私は、彼は科学が得意だと分かった)
- ☐ I **gave** her those flowers. (私は彼女にあれらの花をあげた)
- ☐ He wants to **become** famous. (彼は有名になりたがっている)
- ☐ I **hope** that it'll be sunny tomorrow. (明日が晴れだといいのですが)
- ☐ Can you **bring** me a glass of water? (水をコップ1杯持ってきてくれますか)
- ☐ How do you **feel** about Japan? (あなたは日本についてどう思いますか)
- ☐ They **decided** where to go. (彼らはどこへ行くかを決めた)

1st GRADE
WEEK 1
WEEK 2
2nd GRADE
WEEK 3
WEEK 4
WEEK 5
3rd GRADE
WEEK 6
WEEK 7
WEEK 8

Day 14))) CD-A15
Quick Review
答えは左ページ下

- ☐ not
- ☐ very
- ☐ there
- ☐ too
- ☐ today
- ☐ now
- ☐ well
- ☐ please
- ☐ usually
- ☐ sometimes
- ☐ here
- ☐ often
- ☐ yesterday
- ☐ again
- ☐ ago
- ☐ o'clock

Day 16

★★★
2nd GRADE＿動詞 2

Check 1　🔊Listen 》CD-A18

□ 241 高
spend
/spénd/
スペンド

動 (金)**を使う**、(spend ～ on ...で)**…に～を使う**；(時間)**を過ごす**

活用 spent(スペント)-spent

□ 242 高
agree
/əgríː/
アグリー

動 **賛成する**、同意する、意見が一致する

✚agree with ～ on[about] ... で「～と…について同意見だ」；agree to ～で「～に同意する」

□ 243 高
keep
/kíːp/
キープ

動 **～を持ち続ける**；～を(…に)**しておく**；(決めごと)**を守る**；(keep -ingで)**～し続ける**

活用 kept(ケプト)-kept

□ 244
sleep
/slíːp/
スリープ

動 **眠る**　名 **眠り**

活用 slept(スレプト)-slept
形 sleepy(眠い)

□ 245 高
turn
/tɚ́ːrn/
ターン

動 (曲がり角を)**曲がる**；～を回す　名 **回転**；順番

✚turn on ～で「～をつける」；turn off ～で「～を消す」；turn left/rightで「左／右に曲がる」

□ 246 高
cry
/krái/
クライ

動 **泣く**；叫ぶ　名 泣くこと、泣き声

□ 247
save
/séiv/
セイヴ

動 **～を救う**；(金など)**をたくわえる**

□ 248 高
choose
/tʃúːz/
チューズ

動 **～を選ぶ**

活用 chose(チョウズ)-chosen(チョウズン)
名 choice(選択)

to be continued
▼

単語が覚えづらい時は「音読」がおすすめ。CDに合わせて単語を言ってみたり、Check 2、3を声に出して読んだりしよう。

☐ 聞くだけモード　Check 1
☐ しっかりモード　Check 1 ▶ 2
☐ かんぺきモード　Check 1 ▶ 2 ▶ 3

1st GRADE

Check 2 | Check 3

Check 2	Check 3	
☐ **spend** money on comics（マンガに金を使う）	☐ We **spent** time talking.（私たちは話をして時を過ごした）	WEEK 1 / WEEK 2
☐ **agree** to a plan（計画に同意する）	☐ I **agree** with you.（私はあなたに賛成だ）	2nd GRADE
☐ **keep** the faith（信念を持ち続ける）	☐ She **kept** her room clean.（彼女は部屋をきれいにしていた）	WEEK 3
☐ **sleep** well（よく眠る）	☐ I couldn't **sleep** last night.（私は昨夜、眠れなかった）	WEEK 4 / WEEK 5
☐ **turn** left at a corner（角で左に曲がる）	☐ Can I **turn** on the TV?（テレビをつけてもいいですか）	
☐ **cry** like a baby（赤ちゃんのように泣く）	☐ The girl **cried** for help.（その少女は助けを求めて叫んだ）	3rd GRADE / WEEK 6
☐ **save** his life（彼の命を救う）	☐ My mother is **saving** money for the trip.（私の母はその旅行のために金をためている）	WEEK 7
☐ **choose** one from three（3つから1つを選ぶ）	☐ He was **chosen** as captain.（彼はキャプテンに選ばれた）	WEEK 8

to be continued
▼

Day 16

Check 1 🔊 Listen))) CD-A18

□ 249 ❶発音注意
touch
/tʌ́tʃ/
タッチ

動 ～に触れる 名 触ること、接触

➕ keep in touchで「連絡を取り合う」

□ 250 高
begin
/bigín/
ビギン

動 ～を始める、(begin to do/begin -ingで)～し始める；始まる(≒start)
活用 began(ビギャン)-begun(ビガン)
➕ begin with ～で「～から始まる」

□ 251 高
throw
/θróu/
スロウ

動 ～を投げる

活用 threw(スルー)-thrown(スロウン)
➕ throw away ～で「～を捨てる」

□ 252
send
/sénd/
センド

動 (…に)～を送る

活用 sent(セント)-sent
➕ send back ～で「～を送り返す」

□ 253 ❶発音注意
break
/bréik/
ブレイク

動 ～をこわす；(法律など)を破る 名 休けい

活用 broke(ブロウク)-broken(ブロウクン)
➕ break into ～で「～に押し入る」

□ 254 高
worry
/wə́:ri/
ウォーリ

動 (worry about ～で)～のことを心配する；～を心配させる

□ 255 高
join
/dʒɔ́in/
ヂョイン

動 ～に加わる、～に入る；～をつなぐ

□ 256 ❶発音注意
build
/bíld/
ビゥド

動 ～を建てる

活用 built(ビゥト)-built
名 building(建物、ビル)

Day 15))) CD-A17
Quick Review
答えは右ページ下

- □ ～をつかまえる
- □ ～を変える
- □ ～を練習する
- □ ～を買う
- □ ～と思う
- □ ～をやめる
- □ ～を見せる
- □ ～を売る
- □ ～が聞こえる
- □ ～を見つける
- □ ～を与える
- □ なる
- □ ～を望む
- □ ～を持ってくる
- □ 感じる
- □ ～を決める

Check 2

- ☐ **touch** his arm（彼の腕に触れる）
- ☐ **begin** to rain（雨が降り始める）
- ☐ **throw** a ball（ボールを投げる）
- ☐ **send** an e-mail（Eメールを送る）
- ☐ **break** a window（窓を割る）
- ☐ **worry** about my child（私の子どものことを心配する）
- ☐ **join** the art club（美術部に入る）
- ☐ **build** a house（家を建てる）

Check 3

- ☐ Don't **touch** these pictures.（これらの絵に触れないで）
- ☐ The party **begins** at 8:00 on Saturday.（パーティーは土曜日の8時に始まる）
- ☐ I **threw** away the old notebooks.（私はその古いノートを捨てた）
- ☐ My grandparents **sent** me a present.（私の祖父母が私にプレゼントを送ってくれた）
- ☐ I **broke** my favorite cup.（私はお気に入りのカップを割ってしまった）
- ☐ Don't **worry** about it.（そのことは心配しないで）
- ☐ He is going to **join** the volleyball team.（彼はバレーボールのチームに入るつもりだ）
- ☐ When was this college **built**?（この大学はいつ建てられましたか）

1st GRADE
WEEK 1
WEEK 2

2nd GRADE
WEEK 3
WEEK 4
WEEK 5

3rd GRADE
WEEK 6
WEEK 7
WEEK 8

Day 15))) CD-A17
Quick Review
答えは左ページ下

- ☐ catch
- ☐ change
- ☐ practice
- ☐ buy
- ☐ think
- ☐ stop
- ☐ show
- ☐ sell
- ☐ hear
- ☐ find
- ☐ give
- ☐ become
- ☐ hope
- ☐ bring
- ☐ feel
- ☐ decide

Day 17

★★★
2nd GRADE＿動詞 **3**

Check 1　❶ Listen 》CD-A19

□ 257 高
pass
/pǽs/
パァス

動(…に)**〜を手渡す**；(時が)**たつ**；(試験)**に合格する**；**通り過ぎる**
❶pass by 〜で「〜を通り過ぎる」；pass awayで「亡くなる」

□ 258　❶発音注意
die
/dái/
ダイ

動**死ぬ**、(die from[of] 〜で)**〜が原因で死ぬ**(⇔live)；**枯れる**
形dead(死んでいる)　名death(死)
❶-ing形はdying；die outで「絶滅する」

□ 259 高
win
/wín/
ウィン

動**〜に勝つ**(⇔lose)；**(賞)をとる**
活用won(ワン)-won
名winner(勝利者)

□ 260 高　❶アクセント注意
remember
/rimémbər/
リメンバー

動**〜を覚えている**、**〜を思い出す**(⇔forget)
❶remember -ingで「〜したことを覚えている」；remember to doで「〜することを覚えている」

□ 261 高
finish
/fíniʃ/
フィニッシュ

動**〜を終える**、(finish -ingで)**〜し終える**

□ 262
travel
/trǽvəl/
チュラァヴァゥ

動**旅行する**　名**旅行**

□ 263
cut
/kʌ́t/
カット

動**〜を切る**
活用cut-cut
❶cut down 〜で「〜を切り倒す」

□ 264 高　❶アクセント注意
understand
/ʌ̀ndərstǽnd/
アンダースタァンド

動**〜を理解する**

活用understood(アンダーストゥッド)-understood

to be continued
▼

単語が覚えられないと思う時は、Quick Reviewを使って前日の単語をもう一度チェックしよう。くり返しが大切だよ。

- ☐ 聞くだけモード　Check 1
- ☐ しっかりモード　Check 1 ▶ 2
- ☐ かんぺきモード　Check 1 ▶ 2 ▶ 3

1st GRADE
WEEK 1
WEEK 2

2nd GRADE
WEEK 3
WEEK 4
WEEK 5

3rd GRADE
WEEK 6
WEEK 7
WEEK 8

Check 2

- ☐ **pass** me the salt（私に塩を手渡す）
- ☐ **die** from cancer（がんで死ぬ）
- ☐ **win** a game（試合に勝つ）
- ☐ **remember** the date（日付を覚えている）
- ☐ **finish** my homework（宿題を終える）
- ☐ **travel** in Europe（ヨーロッパを旅行する）
- ☐ **cut** vegetables（野菜を切る）
- ☐ **understand** English（英語を理解する）

Check 3

- ☐ A long time has **passed** since then.（それから長い時間がたった）
- ☐ His father **died** two years ago.（彼の父親は2年前に亡くなった）
- ☐ Japan **won** the game against the U.S.（日本はアメリカ相手の試合に勝った）
- ☐ Do you **remember** the name of the singer?（あなたはその歌手の名前を覚えていますか）
- ☐ I **finished** reading the book.（私はその本を読み終えた）
- ☐ He **traveled** around the world on a boat.（彼はボートで世界中を旅した）
- ☐ I **cut** my finger with a broken glass.（私は割れたコップで指を切った）
- ☐ I couldn't **understand** what she said.（私は彼女が言ったことを理解できなかった）

to be continued
▼

Day 17

Check 1 🅾 Listen)) CD-A19

□ 265
wear
/wéər/
ウェアー

動 〜を着ている、〜を身につけている

活用 wore(ウォー)-worn(ウォーン)

□ 266 高 ❶発音注意
paint
/péint/
ペイント

動 (絵の具で絵)を描く；〜を(…に)ぬる

名 painting(絵)　名 painter(画家)

□ 267 高 ❶アクセント注意
believe
/bilíːv/
ビリーヴ

動 〜を信じる

⊕ believe in 〜で「〜の存在を信じる」

□ 268 高 ❶アクセント注意
forget
/fərgét/
ファーゲット

動 〜を忘れる(⇔remember)

活用 forgot(ファーガット)-forgotten(ファーガトゥン)
⊕ forget -ing で「〜したことを忘れる」；forget to do で「〜することを忘れる」

□ 269
dance
/dǽns/
ダァンス

動 踊る、(dance to 〜で)〜に合わせて踊る

□ 270 高
follow
/fálou/
ファロウ

動 〜の後についていく[くる]；〜に従う；〜の次に続く

□ 271 高
smile
/smáil/
スマイゥ

動 ほほえむ、(smile at 〜で)〜を見てにっこり笑う　名 ほほえみ

□ 272 高
happen
/hǽpən/
ハァプン

動 起こる；(happen to do で)たまたま〜する

⊕ What happened to 〜? で「〜に何が起きた(あった)のですか」

Day 16)) CD-A18
Quick Review
答えは右ページ下

- □ 〜を使う
- □ 賛成する
- □ 〜を持ち続ける
- □ 眠る
- □ 曲がる
- □ 泣く
- □ 〜を救う
- □ 〜を選ぶ
- □ 〜に触れる
- □ 〜を始める
- □ 〜を投げる
- □ 〜を送る
- □ 〜をこわす
- □ 心配する
- □ 〜に加わる
- □ 〜を建てる

Check 2

- ☐ **wear** a sweater(セーターを着ている)
- ☐ **paint** a picture(絵を描く)
- ☐ **believe** a story(話を信じる)
- ☐ **forget** her birthday(彼女の誕生日を忘れる)
- ☐ **dance** to music(音楽に合わせて踊る)
- ☐ **follow** a rule(規則に従う)
- ☐ **smile** at me(私にほほえむ)
- ☐ **happen** to meet him(たまたま彼に会う)

Check 3

- ☐ I **wore** a new dress to the party.(私はそのパーティーへ新しいドレスを着て行った)
- ☐ I **painted** the wall white.(私は壁を白にぬった)
- ☐ Do you **believe** in God?(あなたは神の存在を信じますか)
- ☐ I **forgot** to bring my homework.(私は宿題を持っていくのを忘れた)
- ☐ We sang and **danced** all night.(私たちは一晩中歌って踊った)
- ☐ My dog likes to **follow** me.(私の犬は私の後をついてくるのが好きだ)
- ☐ She always **smiles** at everyone she meets.(彼女はいつも会う人みんなにほほえむ)
- ☐ What **happened** to Steve?(スティーブに何が起きたのですか)

1st GRADE
WEEK 1
WEEK 2

2nd GRADE
WEEK 3
WEEK 4
WEEK 5

3rd GRADE
WEEK 6
WEEK 7
WEEK 8

Day 16))) CD-A18
Quick Review
答えは左ページ下

- ☐ spend
- ☐ agree
- ☐ keep
- ☐ sleep
- ☐ turn
- ☐ cry
- ☐ save
- ☐ choose
- ☐ touch
- ☐ begin
- ☐ throw
- ☐ send
- ☐ break
- ☐ worry
- ☐ join
- ☐ build

Day 18

★★★
2nd GRADE＿動詞 ❹

Check 1 🔊Listen 》CD-A20

□ 273 高 ❶発音注意
climb
/kláim/
クライム

動〜を登る

□ 274
draw
/drɔ́ː/
ヂュロー

動(線で絵)を描く；〜を引く

活用 drew(ヂュルー)-drawn(ヂュローン)
名drawing(絵)

□ 275 ❶アクセント注意
surprise
/sərpráiz/
サープライズ

動〜を驚かす

形surprised(驚いた) 形surprising(驚くべき)
⊕be surprised at 〜で「〜に驚く」

□ 276 ❶発音注意
wrap
/rǽp/
ラァップ

動〜を包む、〜を包装する

□ 277
grow
/gróu/
グロウ

動成長する；〜を育てる

活用 grew(グルー)-grown(グロウン)
⊕grow upで「おとなになる」

□ 278
hit
/hít/
ヒット

動〜を打つ、〜をたたく；〜に激しく当たる 名ヒット；激しくぶつかること

活用 hit-hit

□ 279
reach
/ríːtʃ/
リーチ

動〜に着く；〜に届く

□ 280 ❶発音注意
appear
/əpíər/
アピアー

動現れる(⇔disappear)；(新聞などに)載る

to be continued
▼

climbのb、wrapのwは発音しないよ。発音やアクセントに注意した方がいい単語には印がついているから気をつけて見てみよう。

☐ 聞くだけモード　Check 1
☐ しっかりモード　Check 1 ▸ 2
☐ かんぺきモード　Check 1 ▸ 2 ▸ 3

1st GRADE

WEEK 1
WEEK 2

2nd GRADE

WEEK 3
WEEK 4
WEEK 5

3rd GRADE

WEEK 6
WEEK 7
WEEK 8

Check 2

☐ **climb** a mountain(山に登る)

☐ **draw** a picture(絵を描く)

☐ be **surprised** at the news(知らせに驚く)

☐ **wrap** a box in paper(紙で箱を包む)

☐ **grow** flowers(花を育てる)

☐ **hit** a ball(ボールを打つ)

☐ **reach** the top of a mountain(山の頂上に着く)

☐ **appear** in the newspaper(新聞に載る)

Check 3

☐ The boy **climbed** the tree in the park.(少年は公園の木に登った)

☐ Can you **draw** a map for me?(私に地図を描いてくれますか)

☐ His visit **surprised** us.(彼の訪問は私たちを驚かせた)

☐ Can you **wrap** it?(それを包んでくれますか)

☐ What will you be when you **grow** up?(あなたはおとなになったら何になるつもりですか)

☐ The truck **hit** the wall.(トラックは壁にぶつかった)

☐ The plane **reached** the airport.(飛行機は空港に着いた)

☐ At last, the singer **appeared** on the stage.(ついに歌手がステージに現れた)

to be continued
▼

Day 18

Check 1 🎧 Listen))) CD-A20

□ 281 **ring** /ríŋ/ リング	動 (ベルなどが) **鳴る**；ベルを鳴らして呼ぶ；〜を鳴らす　名 指輪
	活用 rang (ラァング) -rung (ラング)

□ 282 **taste** /téist/ テイスト	動 (〜な) **味がする**；〜を味わう

□ 283 高 **explain** /ikspléin/ イクスプレイン	動 **〜を説明する**

□ 284 ❶発音注意 **disappear** /dìsəpíər/ ディサピアー	動 **消える**、姿を消す (⇔appear)

□ 285 **drop** /dráp/ ヂュラップ	動 **落ちる**；〜を落とす　名 しずく

□ 286 **bear** /béər/ ベアー	動 (子) **を産む**、(be bornで) 生まれる；〜に耐える　名 クマ
	活用 bore (ボァー) -born/borne (ボーン)

□ 287 **spell** /spél/ スペル	動 **〜をつづる**
	名 spelling (語のつづり)

□ 288 **remain** /riméin/ リメイン	動 **残っている**、(場所に) とどまる；(〜の) ままでいる

Day 17))) CD-A19
Quick Review
答えは右ページ下

- □ 〜を手渡す
- □ 死ぬ
- □ 〜に勝つ
- □ 〜を覚えている
- □ 〜を終える
- □ 旅行する
- □ 〜を切る
- □ 〜を理解する
- □ 〜を着ている
- □ 〜を描く
- □ 〜を信じる
- □ 〜を忘れる
- □ 踊る
- □ 〜の後についていく
- □ ほほえむ
- □ 起こる

Check 2

- **ring** for a nurse(ベルを鳴らして看護師を呼ぶ)
- **taste** sweet(甘い味がする)
- **explain** the reason(理由を説明する)
- **disappear** from the earth(地球から消える)
- **drop** from a tree(木から落ちる)
- be **born** on October 9(10月9日に生まれる)
- **spell** a word(単語をつづる)
- **remain** quiet(静かなままでいる)

Check 3

- The phone **rang** in the middle of the night.(真夜中に電話が鳴った)
- The soup **tastes** good.(そのスープはおいしい味がする[そのスープはおいしい])
- I'll **explain** why I didn't call you.(私がなぜあなたに電話しなかったのかを説明しましょう)
- This animal may **disappear** in a few years.(この動物は数年のうちに姿を消すかもしれない)
- She **dropped** something on the floor.(彼女は床に何かを落とした)
- He was **born** in London in 1933.(彼は1933年にロンドンで生まれた)
- How do you **spell** the word?(その単語はどうつづるのですか)
- A little water **remains** in the glass.(コップに水が少し残っている)

1st GRADE
WEEK 1
WEEK 2
2nd GRADE
WEEK 3
WEEK 4
WEEK 5
3rd GRADE
WEEK 6
WEEK 7
WEEK 8

Day 17 》CD-A19
Quick Review
答えは左ページ下

- [ ] pass
- [ ] die
- [ ] win
- [ ] remember
- [ ] finish
- [ ] travel
- [ ] cut
- [ ] understand
- [ ] wear
- [ ] paint
- [ ] believe
- [ ] forget
- [ ] dance
- [ ] follow
- [ ] smile
- [ ] happen

Day 19

★★★
2nd GRADE＿名詞 **1**

Check 1　Listen)) CD-A21

□ 289 高
tomato
/təméitou/
トメイトウ

名 **トマト**

□ 290 ❶発音注意
fridge
/frídʒ/
フリヂ

名 **冷蔵庫**

➕refrigeratorの短縮形

□ 291
plane
/pléin/
プレイン

名 **飛行機**

➕airplaneの短縮形

□ 292 高
game
/géim/
ゲイム

名 **試合；ゲーム**

➕video gameで「テレビゲーム」

□ 293
card
/káːrd/
カード

名 **カード；はがき**

➕「はがき」はpostcardともいう

□ 294 ❶アクセント注意
hotel
/houtél/
ホウテゥ

名 **ホテル**

□ 295 高
town
/táun/
タウン

名 **町**

□ 296 ❶発音注意
doctor
/dáktər/
ダクター

名 **医者；博士**

to be continued
▼

今日からは名詞をチェック。動詞に比べると少しやさしく感じるかもしれないよ。がんばって続けていこうね。

- ☐ 聞くだけモード　Check 1
- ☐ しっかりモード　Check 1 ▸ 2
- ☐ かんぺきモード　Check 1 ▸ 2 ▸ 3

1st GRADE

Check 2

☐ a big **tomato**（大きなトマト）

☐ a new **fridge**（新しい冷蔵庫）

☐ on a **plane**（飛行機の中で）

☐ a baseball **game**（野球の試合）

☐ get a **card**（カードを手に入れる）

☐ a big **hotel**（大きなホテル）

☐ a small **town**（小さな町）

☐ see the **doctor**（医者に診てもらう）

Check 3

☐ We grow **tomatoes** on this farm.（私たちはこの農場でトマトを栽培している）

☐ Put these vegetables into the **fridge**.（これらの野菜を冷蔵庫に入れなさい）

☐ We went to Okinawa by **plane**.（私たちは飛行機で沖縄に行った）

☐ It was a great **game**.（それはすごい試合だった）

☐ We read the **card** from John.（私たちはジョンからのはがきを読んだ）

☐ I'm waiting for her at the **hotel**.（私はホテルで彼女を待っている）

☐ She comes from this **town**.（彼女はこの町の出身だ）

☐ Do you know a good **doctor**?（あなたはよい医者を知っていますか）

WEEK 1
WEEK 2

2nd GRADE

WEEK 3
WEEK 4
WEEK 5

3rd GRADE

WEEK 6
WEEK 7
WEEK 8

to be continued

Day 19

Check 1 🎧 Listen)) CD-A21

□ 297 高 ❶発音注意
country
/kʌ́ntri/
カントリィ

名 国；いなか

➕foreign countryで「外国」

□ 298 ❶発音注意
ticket
/tíkit/
ティキット

名 切符、チケット

➕return ticketで「帰りの切符」

□ 299 高
letter
/létər/
レター

名 手紙；文字

➕capital letterで「大文字」；small letterで「小文字」

□ 300 高
restaurant
/réstərənt/
レストラント

名 レストラン、料理店

□ 301 高
trip
/tríp/
チュリップ

名 旅行

➕school tripで「修学旅行」；field tripで「校外学習」；make[go on] a tripで「旅行する」

□ 302
church
/tʃə́ːrtʃ/
チャーチ

名 教会

□ 303
singer
/síŋər/
スィンガー

名 歌手

動 sing（〜を歌う）

□ 304 高 ❶発音注意
science
/sáiəns/
サイアンス

名 科学、理科

名 scientist（科学者）

Day 18)) CD-A20
Quick Review
答えは右ページ下

- □ 〜を登る
- □ 〜を描く
- □ 〜を驚かす
- □ 〜を包む
- □ 成長する
- □ 〜を打つ
- □ 〜に着く
- □ 現れる
- □ 鳴る
- □ 味がする
- □ 〜を説明する
- □ 消える
- □ 落ちる
- □ 〜を産む
- □ 〜をつづる
- □ 残っている

Check 2

- □ live in this **country**(この国に住む)
- □ buy a **ticket**(切符を買う)
- □ read a **letter**(手紙を読む)
- □ a French **restaurant**(フランス料理店)
- □ a **trip** to Europe(ヨーロッパ旅行)
- □ an old **church**(古い教会)
- □ a great **singer**(偉大な歌手)
- □ a **science** teacher(科学の先生)

Check 3

- □ The U.S. is a big **country**.(アメリカは大きな国だ)
- □ I want a **ticket** for that play.(私はあの劇のチケットが欲しい)
- □ He is writing a **letter**.(彼は手紙を書いている)
- □ I know a good **restaurant**.(私はよいレストランを知っている)
- □ I sometimes go on a **trip** with my family.(私は時々、家族と旅行に行く)
- □ We go to **church** every Sunday.(私たちは毎週日曜日に教会へ行く)
- □ He is a popular **singer**.(彼は人気歌手だ)
- □ I like **science** very much.(私は理科がとても好きだ)

1st GRADE
WEEK 1
WEEK 2
2nd GRADE
WEEK 3
WEEK 4
WEEK 5
3rd GRADE
WEEK 6
WEEK 7
WEEK 8

Day 18))) CD-A20
Quick Review
答えは左ページ下

- □ climb
- □ draw
- □ surprise
- □ wrap
- □ grow
- □ hit
- □ reach
- □ appear
- □ ring
- □ taste
- □ explain
- □ disappear
- □ drop
- □ bear
- □ spell
- □ remain

Day 20

★★★
2nd GRADE＿名詞 2

Check 1　🔊 Listen))) CD-A22

□ 305
sun
/sʌ́n/
サン

名太陽

形sunny(晴れた)

□ 306
rain
/réin/
レイン

名雨　動雨が降る

形rainy(雨の)

□ 307 高
weather
/wéðər/
ウェザー

名天気、天候

□ 308　❶アクセント注意
passport
/pǽspɔːrt/
パァスポート

名パスポート

□ 309 高
store
/stɔ́ːr/
ストー

名店(≒shop)

➕department storeで「デパート」

□ 310 高　❶発音注意
child
/tʃáild/
チャイゥド

名子ども

➕複数形はchildren(/tʃíldrən/ チゥドレン)

□ 311
stone
/stóun/
ストウン

名石

□ 312
Christmas
/krísməs/
クリスマス

名クリスマス

➕Christmas Eveで「クリスマスイブ」

to be continued
▼

引き続き、名詞を学習しよう。忙しい日はCDを聞き流すだけでもいいので、できるだけ毎日続けようね。

☐ 聞くだけモード　Check 1
☐ しっかりモード　Check 1 ▶ 2
☐ かんぺきモード　Check 1 ▶ 2 ▶ 3

1st GRADE

Check 2 | Check 3

WEEK 1
☐ under the **sun**(太陽の下で)
☐ The earth goes around the **sun**.(地球は太陽の周りを回っている)

WEEK 2

2nd GRADE

☐ a lot of **rain**(たくさんの雨)
☐ We may have a little **rain**.(少し雨が降るかもしれない)

WEEK 3

☐ fine **weather**(よい天気)
☐ How is the **weather** there?(そちらの天気はどうですか)

WEEK 4

☐ get a **passport**(パスポートを取る)
☐ You have to show your **passport** here.(あなたはここでパスポートを見せなければならない)

WEEK 5

☐ food **store**(食料品店)
☐ I got a book at the **store**.(私はその店で本を手に入れた)

3rd GRADE

WEEK 6

☐ have two **children**(子どもが2人いる)
☐ I liked to play the piano when I was a **child**.(私は子どものころ、ピアノをひくのが好きだった)

WEEK 7

☐ a **stone** wall(石の壁)
☐ They built a house of **stone**.(彼らは石で家を造った)

WEEK 8

☐ a **Christmas** present(クリスマスプレゼント)
☐ We'll have a party on **Christmas** Day.(私たちはクリスマスにパーティーを開くだろう)

to be continued

Day 20

Check 1 🎧 Listen))) CD-A22

☐ 313 高
subject
/sʌ́bdʒikt/
サブヂクト

名 **教科**；主題、話題、(Eメールの)**件名**

☐ 314 ❶アクセント注意
volunteer
/vɑ̀ləntíər/
ヴァランティアー

名 **ボランティア、志願者**

☐ 315 高
hospital
/hɑ́spitl/
ハスピタゥ

名 **病院**

➕ be in the hospital で「入院中である」

☐ 316 高
culture
/kʌ́ltʃər/
カゥチャー

名 **文化**

☐ 317 高 ❶発音注意
shop
/ʃɑ́p/
シャップ

名 **店**(≒ store) 動 **買い物をする**

名 shopping(買い物)

☐ 318
wall
/wɔ́ːl/
ウォーゥ

名 **壁**

➕ on the wall で「壁にかかって」

☐ 319
money
/mʌ́ni/
マニ

名 **金、金銭**

☐ 320 高
mountain
/máuntən/
マウンテン

名 **山、山岳**

Day 19))) CD-A21
Quick Review
答えは右ページ下

☐ トマト　　　☐ カード　　　☐ 国　　　　☐ 旅行
☐ 冷蔵庫　　　☐ ホテル　　　☐ 切符　　　☐ 教会
☐ 飛行機　　　☐ 町　　　　　☐ 手紙　　　☐ 歌手
☐ 試合　　　　☐ 医者　　　　☐ レストラン　☐ 科学

Check 2

- □ change the **subject**（話題を変える）
- □ join a **volunteer** group（ボランティアグループに参加する）
- □ children's **hospital**（小児病院）
- □ Japanese **culture**（日本文化）
- □ go to a flower **shop**（生花店に行く）
- □ a white **wall**（白い壁）
- □ spend **money**（金を使う）
- □ go down a **mountain**（山を下りる）

Check 3

- □ My favorite **subject** is history.（私の好きな教科は歴史だ）
- □ A lot of **volunteers** came to help.（たくさんのボランティアが助けにやって来た）
- □ He is in the **hospital**.（彼は入院中だ）
- □ I want to know more about English **culture**.（私はイギリス文化についてもっと知りたい）
- □ She works at this **shop**.（彼女はこの店で働いている）
- □ There was a picture on the **wall**.（壁には絵があった）
- □ He made a lot of **money**.（彼はたくさんの金銭をかせいだ）
- □ This is the highest **mountain** in Japan.（これが日本一高い山だ）

1st GRADE
WEEK 1
WEEK 2
2nd GRADE
WEEK 3
WEEK 4
WEEK 5
3rd GRADE
WEEK 6
WEEK 7
WEEK 8

Day 19 》CD-A21
Quick Review
答えは左ページ下

- □ tomato
- □ fridge
- □ plane
- □ game
- □ card
- □ hotel
- □ town
- □ doctor
- □ country
- □ ticket
- □ letter
- □ restaurant
- □ trip
- □ church
- □ singer
- □ science

Day 21

★★★
2nd GRADE＿名詞 3

Check 1　🎧 Listen 》CD-A23

□ 321 高
library
/láibrèri/
ライブレリ

名 図書館

□ 322 高
plan
/plæn/
プラァン

名 計画、予定　動 〜の計画を立てる

□ 323
snow
/snóu/
スノウ

名 雪　動 雪が降る

形 snowy（雪の）

□ 324 高
station
/stéiʃən/
ステイシャン

名 駅

⊕ police station で「警察署」; power station で「発電所」

□ 325 高
way
/wéi/
ウェイ

名 道；方法；方向

⊕ by the way で「ところで」; all the way で「遠路はるばる」; on one's way で「途中で」; this way で「こちらへ」

□ 326 高
lake
/léik/
レイク

名 湖

□ 327　❶発音注意
news
/njúːz/
ニューズ

名 知らせ、ニュース

名 newspaper（新聞）

□ 328 高
history
/hístəri/
ヒスタリ

名 歴史

to be continued
▼

messageやtelephoneなど、長い単語も増えてくるけれど、意味はそんなに多くないので、意外と簡単に覚えられるよ！

☐ 聞くだけモード　Check 1
☐ しっかりモード　Check 1 ▶ 2
☐ かんぺきモード　Check 1 ▶ 2 ▶ 3

1st GRADE

Check 2

☐ study at a **library**（図書館で勉強する）

☐ make a **plan**（計画を立てる）

☐ heavy **snow**（大雪）

☐ get to a **station**（駅に着く）

☐ the **way** to the station（駅への道）

☐ swim in a **lake**（湖で泳ぐ）

☐ good **news**（よい知らせ）

☐ Japanese **history**（日本史）

Check 3

☐ I returned the books to the **library**.（私は図書館に本を返した）

☐ Do you have any **plans** for Saturday?（あなたは土曜日に何か予定がありますか）

☐ We had little **snow** this year.（今年は雪がほとんど降らなかった）

☐ The train left the **station**.（列車は駅を出た）

☐ What is the best **way** to learn English?（英語を学ぶ最もよい方法は何ですか）

☐ We went to see the **lake**.（私たちはその湖を見に行った）

☐ I got some **news** from her.（彼女から知らせがあった）

☐ This is a book about **history**.（これは歴史についての本だ）

WEEK 1
WEEK 2

2nd GRADE

WEEK 3
WEEK 4
WEEK 5

3rd GRADE

WEEK 6
WEEK 7
WEEK 8

to be continued

Day 21

Check 1 Listen CD-A23

☐ 329 高
size
/sáiz/
サイズ

名 **大きさ**；(洋服などの)**サイズ**

☐ 330 高
place
/pléis/
プレイス

名 **場所**

＋take placeで「起こる、行われる」

☐ 331 高
message
/mésidʒ/
メスィヂ

名 **伝言、メッセージ**

＋take a messageで「伝言を受ける」；leave a messageで「伝言を残す」

☐ 332
telephone
/téləfòun/
テレフォウン

名 **電話**

＋短縮形はphone

☐ 333
farm
/fá:rm/
ファーム

名 **農場**

名 farmer(農家)

☐ 334 高
life
/láif/
ライフ

名 **生活**；**人生**；**命**

＋in one's lifeで「〜の一生のうちで」

☐ 335 高 ❗アクセント注意
idea
/aidí:ə/
アイディーア

名 **考え、アイデア**

＋have no ideaで「まったく分からない」

☐ 336 高
story
/stɔ́:ri/
ストーリ

名 **物語、話**；**階**

Day 20 CD-A22
Quick Review
答えは右ページ下

☐ 太陽
☐ 雨
☐ 天気
☐ パスポート

☐ 店
☐ 子ども
☐ 石
☐ クリスマス

☐ 教科
☐ ボランティア
☐ 病院
☐ 文化

☐ 店
☐ 壁
☐ 金
☐ 山

Check 2	Check 3	
☐ the **size** of a building (建物の大きさ)	☐ What **size** are you? (あなたのサイズはいくつですか)	1st GRADE
		WEEK 1
☐ a beautiful **place** (美しい場所)	☐ There are a lot of **places** to visit in Japan. (日本には訪れるべき場所がたくさんある)	WEEK 2
☐ take a **message** (伝言を受ける)	☐ Can I leave a **message**? (伝言を残してもいいですか)	2nd GRADE
☐ a **telephone** number (電話番号)	☐ Will you answer the **telephone**? (電話に出てくれませんか)	**WEEK 3**
☐ work on a **farm** (農場で働く)	☐ They live on a **farm**. (彼らは農場で暮らしている)	WEEK 4
		WEEK 5
☐ enjoy **life** (人生を楽しむ)	☐ How is your school **life**? (あなたの学校生活はいかがですか)	3rd GRADE
☐ have an **idea** (アイデアがある)	☐ That's a good **idea**. (それはよい考えだ)	WEEK 6
		WEEK 7
☐ a sad **story** (悲しい話)	☐ She read us a short **story**. (彼女は私たちに短い物語を読んだ)	WEEK 8

Day 20))CD-A22
Quick Review
答えは左ページ下

☐ sun ☐ store ☐ subject ☐ shop
☐ rain ☐ child ☐ volunteer ☐ wall
☐ weather ☐ stone ☐ hospital ☐ money
☐ passport ☐ Christmas ☐ culture ☐ mountain

まとめて覚えよう！
テーマ別英単語帳

このコーナーでは、テーマ別に学習した方が覚えやすい・使いやすい単語をまとめて紹介します。

❸ 地名・言語2／方角

🎧 Listen 》CD-A24

France [frǽns] フラァンス
名 フランス

French [frént∫] フレンチ
名 フランス語、フランス人 形 フランス(人)の

Spain [spéin] スペイン
名 スペイン

Spanish [spǽni∫] スペァニシュ
名 スペイン語、スペイン人 形 スペイン(人)の

Germany [dʒə́ːrməni] ヂャーマニ
名 ドイツ

German [dʒə́ːrmən] ヂャーマン
名 ドイツ語、ドイツ人 形 ドイツ(人)の

Italy [ítəli] イタリ
名 イタリア

Italian [itǽljən] イテァリャン
名 イタリア語、イタリア人 形 イタリア(人)の

Asia [éiʒə] エイジャ
名 アジア

Europe [júərəp] ユアラップ
名 ヨーロッパ

Africa [ǽfrikə] エァフリカ
名 アフリカ

north [nɔ́ːrθ] ノース
名 北

south [sáuθ] サウス
名 南

east [íːst] イースト
名 東

west [wést] ウェスト
名 西

western [wéstərn] ウェスターン
形 西の、(Westernで)西洋の

> **I have been to France.**
> (私はフランスに行ったことがある)

2nd GRADE （中学2年生レベル）
WEEK 4

さあ、WEEK 4 のスタートです。ここまで来れば、折り返し地点も目前です。今週は、中学2年生レベルの名詞をたっぷりと学びます。では Day 22 からスタート！

Day 22【名詞 4】
▶ 108
Day 23【名詞 5】
▶ 112
Day 24【名詞 6】
▶ 116
Day 25【名詞 7】
▶ 120
Day 26【名詞 8】
▶ 124
Day 27【名詞 9】
▶ 128
Day 28【名詞 10】
▶ 132

テーマ別英単語帳
❹ 家族
▶ 136

英語でコレ言える？
Can you say this in English?
（　）に入る語が分かるかな？

▼

遅れてゴメン。
Sorry I'm late.

何してたの？
What were you doing?

事故にあったんだ。穴に落ちたんだよ！
I had an accident. I fell into a (　　)!

▼

答えは Day 24 でチェック！

1st GRADE
WEEK 1
WEEK 2

2nd GRADE
WEEK 3
WEEK 4
WEEK 5

3rd GRADE
WEEK 6
WEEK 7
WEEK 8

Day 22

2nd GRADE＿名詞 4

Check 1　Listen CD-A25

□ 337 高
dream
/drí:m/
ヂュリーム

名 夢

□ 338
group
/grú:p/
グループ

名 グループ、集団

＋a group of ～で「～の一団」

□ 339 高　❶発音注意
language
/lǽŋgwidʒ/
ラァングウィヂ

名 言語

＋native languageで「母語」

□ 340　❶アクセント注意
Internet
/íntərnèt/
インターネット

名 インターネット

＋the Internetと、前にtheをつけて、大文字で始める

□ 341　❶発音注意
body
/bɑ́di/
バディ

名 体；本文、本論

□ 342
baby
/béibi/
ベイビ

名 赤ちゃん

□ 343 高
village
/vílidʒ/
ヴィリッヂ

名 村

名 villager（村人）

□ 344
opinion
/əpínjən/
アピニョン

名 意見

＋in one's opinionで「～の意見では」

to be continued

Internetは日本語でもよく言うけれど、アクセントの位置が違うよ。最初のIの上にアクセントがあるんだ。覚えておいてね。

☐ 聞くだけモード　Check 1
☐ しっかりモード　Check 1 ▶ 2
☐ かんぺきモード　Check 1 ▶ 2 ▶ 3

1st GRADE

Check 2

☐ have a **dream**(夢を抱く)

☐ a rock **group**(ロックグループ)

☐ a foreign **language**(外国語)

☐ through the **Internet**(インターネットを通して)

☐ all over the **body**(体中に)

☐ have a **baby**(赤ちゃんを産む)

☐ visit a small **village**(小さい村を訪れる)

☐ in my **opinion**(私の意見では)

Check 3

☐ Your **dreams** will come true.(あなたの夢はかなうでしょう)

☐ A **group** of young people was cleaning the street.(若者の一団が通りをそうじしていた)

☐ She can speak four **languages**.(彼女は4カ国語を話せる)

☐ Imagine life without the **Internet**.(インターネットのない生活を想像してみて)

☐ Playing sports is good for your **body**.(スポーツをするのは体によい)

☐ The mother took care of her **baby**.(母親は赤ちゃんの世話をした)

☐ He lived in a **village** near the sea.(彼は海の近くの村に住んでいた)

☐ I agree with his **opinion**.(私は彼の意見に賛成だ)

WEEK 1
WEEK 2

2nd GRADE

WEEK 3
WEEK 4
WEEK 5

3rd GRADE

WEEK 6
WEEK 7
WEEK 8

to be continued ▼

Day 22

Check 1 🔊 Listen 》CD-A25

□ 345
job
/dʒáb/
チャブ

名 仕事

➕ do a good jobで「うまくやりとげる」;Good job.で「よくできました」

□ 346 高 ❶発音注意
area
/ɛ́əriə/
エァリア

名 地域;領域

□ 347 ❶発音注意
cloud
/kláud/
クラウド

名 雲

形 cloudy(くもった)

□ 348
ghost
/góust/
ゴウスト

名 幽霊

□ 349 ❶発音注意
guide
/gáid/
ガイド

名 ガイド、案内者

➕ tour guideで「ツアーガイド」;guide dogで「盲導犬」

□ 350
type
/táip/
タイプ

名 型、タイプ、種類

➕ ～ type(s) of ...「～の種類の…」

□ 351
fact
/fǽkt/
ファクト

名 事実

➕ in factで「実際は」

□ 352 ❶発音注意
market
/máːrkit/
マーキット

名 市場

| Day 21 》CD-A23
Quick Review
答えは右ページ下 | □ 図書館
□ 計画
□ 雪
□ 駅 | □ 道
□ 湖
□ 知らせ
□ 歴史 | □ 大きさ
□ 場所
□ 伝言
□ 電話 | □ 農場
□ 生活
□ 考え
□ 物語 |

Check 2	Check 3	
☐ get a **job**(仕事につく)	☐ He is looking for a **job**.(彼は仕事を探している)	**1st GRADE** / WEEK 1 / WEEK 2
☐ leave the **area**(その地域を離れる)	☐ People usually eat fish in this **area**.(この地域では、人々はたいてい魚を食べる)	
☐ rain **cloud**(雨雲)	☐ Look at that **cloud**.(あの雲を見て)	**2nd GRADE**
☐ see a **ghost**(幽霊を見る)	☐ That tree looks like a **ghost**.(あの木は幽霊のように見える)	WEEK 3
☐ a mountain **guide**(登山ガイド)	☐ The tour **guide** spoke English well.(ツアーガイドは英語を上手に話した)	**WEEK 4** / WEEK 5
☐ an old **type**(古い型)	☐ I have this **type** of computer.(私はこのタイプのコンピュータを持っている)	**3rd GRADE**
☐ know the **fact**(その事実を知っている)	☐ I like music. In **fact**, I sometimes play the piano.(私は音楽が好きだ。実際、時々ピアノをひく)	WEEK 6
☐ go to the **market**(市場に行く)	☐ They sell vegetables and fruit at the **market**.(市場では野菜や果物を売っている)	WEEK 7 / WEEK 8

Day 21))) CD-A23
Quick Review
答えは左ページ下

☐ library ☐ way ☐ size ☐ farm
☐ plan ☐ lake ☐ place ☐ life
☐ snow ☐ news ☐ message ☐ idea
☐ station ☐ history ☐ telephone ☐ story

Day 23

★★★
2nd GRADE＿名詞 5

Check 1　🔊 Listen 》CD-A26

□ 353 高　❶発音注意
fire
/fáiər/
ファイアー

名 **火**；火事　動 ～を発砲する

➕ catch fire で「火事になる」；fire drill で「防火訓練」

□ 354
clock
/klάk/
クラック

名 **時計**（かけ時計や置き時計）

➕「腕時計」は watch

□ 355　❶発音注意
ocean
/óuʃən/
オウシャン

名 **海**、大洋

□ 356　❶発音注意
garden
/gάːrdn/
ガードゥン

名 **庭**、庭園

□ 357
map
/mǽp/
マァップ

名 **地図**

□ 358
hall
/hɔ́ːl/
ホーゥ

名 **会館**、ホール

➕ city hall で「市役所」

□ 359
test
/tést/
テスト

名 **試験**

□ 360
space
/spéis/
スペイス

名 **宇宙**；空間、場所

➕ public space で「公共の場」；space food で「宇宙食」

to be continued
▼

今日学習するfireやgardenも日本語になっているけれど、日本語の発音とは違うので、CDをよく聞いてみよう。

- ☐ 聞くだけモード　Check 1
- ☐ しっかりモード　Check 1 ▸ 2
- ☐ かんぺきモード　Check 1 ▸ 2 ▸ 3

1st GRADE
WEEK 1
WEEK 2

2nd GRADE
WEEK 3
WEEK 4
WEEK 5

3rd GRADE
WEEK 6
WEEK 7
WEEK 8

Check 2

- ☐ put out a **fire**(火を消す)
- ☐ a wall **clock**(壁かけ時計)
- ☐ the Pacific **Ocean**(太平洋)
- ☐ flower **garden**(花園)
- ☐ a road **map**(道路地図)
- ☐ meet him at a **hall**(彼とホールで会う)
- ☐ math **test**(数学の試験)
- ☐ travel in **space**(宇宙を旅行する)

Check 3

- ☐ There was a **fire** in my town.(私の町で火事があった)
- ☐ The **clock** is two minutes fast.(その時計は2分進んでいる)
- ☐ We swam in the **ocean**.(私たちは海で泳いだ)
- ☐ Her house had a beautiful **garden**.(彼女の家には美しい庭があった)
- ☐ Do you have a city **map**?(あなたは市街地図を持っていますか)
- ☐ This is the largest **hall** in the city.(これは市で最も大きな会館だ)
- ☐ We took a **test** yesterday.(私たちは昨日、試験を受けた)
- ☐ I need **space** to work in my house.(私は家に仕事をするための空間が必要だ)

to be continued ▼

Day 23

Check 1 🎧 Listen)) CD-A26

□ 361 高 top
/táp/
タップ

名 **頂上**、てっぺん；頂点

□ 362 ❶発音注意 heart
/háːrt/
ハート

名 **心**；心臓；中心

□ 363 storm
/stɔ́ːrm/
ストーム

名 嵐

形 stormy（嵐の）

□ 364 dictionary
/díkʃənèri/
ディクシャネリ

名 辞書

⊕ electronic dictionary で「電子辞書」

□ 365 glass
/glǽs/
グラァス

名 **コップ、グラス**；(glassesで)**眼鏡**；ガラス

□ 366 高 health
/hélθ/
ヘゥス

名 健康

形 healthy（健康によい）

□ 367 ❶発音注意 holiday
/hálədèi/
ハラデイ

名 休日

⊕ アメリカでは「休暇」は vacation を用い、holiday は一般的に「(祝日の)休日」を表す；national holiday で「国民の祝日」

□ 368 高 college
/kálidʒ/
カリヂ

名 **大学**、単科大学

Day 22)) CD-A25
Quick Review
答えは右ページ下

- □ 夢
- □ グループ
- □ 言語
- □ インターネット
- □ 体
- □ 赤ちゃん
- □ 村
- □ 意見
- □ 仕事
- □ 地域
- □ 雲
- □ 幽霊
- □ ガイド
- □ 型
- □ 事実
- □ 市場

Check 2	Check 3	
☐ the **top** of a mountain(山の頂上)	☐ I got to the **top** around noon.(私はお昼ごろ頂上に着いた)	1st GRADE / WEEK 1
☐ a kind **heart**(優しい心)	☐ He had a **heart** problem.(彼は心臓に問題を抱えていた)	WEEK 2
☐ be caught in a **storm**(嵐にあう)	☐ The train was stopped by the **storm**.(嵐で列車が止まった)	2nd GRADE
☐ check a **dictionary**(辞書で調べる)	☐ I looked up the word in a **dictionary**.(私はその単語を辞書で調べた)	WEEK 3
☐ a **glass** of water(コップ1杯の水)	☐ He put on red **glasses**.(彼は赤い眼鏡をかけた)	**WEEK 4** / WEEK 5
☐ be good for your **health**(健康によい)	☐ My family members are in good **health**.(私の家族は健康だ)	3rd GRADE
☐ a school **holiday**(学校の休み)	☐ A lot of people return home for the **holidays**.(多くの人々は休日の間、実家に帰る)	WEEK 6 / WEEK 7
☐ go to **college**(大学へ行く)	☐ I want to study art in **college**.(私は大学で美術を学びたい)	WEEK 8

Day 22))) CD-A25
Quick Review
答えは左ページ下

☐ dream
☐ group
☐ language
☐ Internet

☐ body
☐ baby
☐ village
☐ opinion

☐ job
☐ area
☐ cloud
☐ ghost

☐ guide
☐ type
☐ fact
☐ market

Day 24

2nd GRADE＿名詞 6

Check 1 Listen)) CD-A27

□ 369
floor
/flɔ́:r/
フロー

名床；階

□ 370 高
point
/pɔ́int/
ポイント

名点、ポイント；重要な点　動指さす；〜をさし示す

➕turning pointで「転機」

□ 371
cherry
/tʃéri/
チェリ

名桜(の木)；サクランボ

□ 372 ❶発音注意
headache
/hédèik/
ヘデイク

名頭痛

➕have a headacheで「頭痛がする」

□ 373
bank
/bǽŋk/
バァンク

名銀行

□ 374 ❶発音注意
match
/mǽtʃ/
マァッチ

名試合；競争相手；マッチ

□ 375
textbook
/tékstbùk/
テクストブック

名教科書、テキスト

□ 376 ❶発音注意
God
/gɑ́d/
ガッド

名神

➕Godと大文字で始める

to be continued

発音が難しい単語は、CDの声に注意して、聞こえたとおりに発音してみよう。発音できると頭に残りやすくなるよ。

☐ 聞くだけモード　Check 1
☐ しっかりモード　Check 1 ▶ 2
☐ かんぺきモード　Check 1 ▶ 2 ▶ 3

1st GRADE

Check 2

☐ the first **floor**(1階)

☐ on this **point**(この点において)

☐ a **cherry** tree(桜の木)

☐ a terrible **headache**(ひどい頭痛)

☐ work at a **bank**(銀行で働く)

☐ a tennis **match**(テニスの試合)

☐ open a **textbook**(教科書を開く)

☐ **God**'s help(神の助け)

Check 3

☐ I put my bag on the **floor**.(私は床にかばんを置いた)

☐ Look at the **point** on this map.(この地図上の点を見なさい)

☐ We had a party under the **cherry** trees.(私たちは桜の木の下でパーティーをした)

☐ I have a **headache**.(頭痛がする)

☐ She has a lot of money in the **bank**.(彼女は銀行に多くの預金を持っている)

☐ We are playing a **match** against another school.(私たちは他校と試合をしている)

☐ I left my English **textbook** at home.(私は英語の教科書を家に忘れた)

☐ **God** only knows.(神のみぞ知る)

WEEK 1
WEEK 2

2nd GRADE

WEEK 3
WEEK 4
WEEK 5

3rd GRADE

WEEK 6
WEEK 7
WEEK 8

to be continued

Day 24

Check 1　🎧 Listen))) CD-A27

□ 377
roof
/rúːf/
ルーフ

名 屋根；屋上

□ 378
leaf
/líːf/
リーフ

名 葉

➕ 複数形はleaves(/líːvz/ リーヴズ)

□ 379　❶発音注意
purpose
/pə́ːrpəs/
パーパス

名 目的

➕ all-purposeで「多目的の」

□ 380 高
medicine
/médəsin/
メディスィン

名 薬

➕ take medicineで「薬を飲む」

□ 381 高
end
/énd/
エンド

名 終わり、末　動 終わる

➕ at the end of 〜で「〜の終わりに」；in the endで「結局」

□ 382　❶発音注意
hole
/hóul/
ホウゥ

名 穴

□ 383
seat
/síːt/
スィート

名 席

□ 384　❶アクセント注意
e-mail
/íːmèil/
イーメイゥ

名 Eメール、電子メール

Day 23))) CD-A26
Quick Review
答えは右ページ下

- □ 火
- □ 時計
- □ 海
- □ 庭
- □ 地図
- □ 会館
- □ 試験
- □ 宇宙
- □ 頂上
- □ 心
- □ 嵐
- □ 辞書
- □ コップ
- □ 健康
- □ 休日
- □ 大学

Check 2

- ☐ clean a **roof**(屋根をそうじする)
- ☐ fallen **leaves**(落ち葉)
- ☐ **purpose** of life(人生の目的)
- ☐ take this **medicine**(この薬を飲む)
- ☐ the **end** of a movie(映画の終わり)
- ☐ fall into a **hole**(穴に落ちる)
- ☐ have a **seat**(着席する)
- ☐ get an **e-mail**(Eメールを受け取る)

Check 3

- ☐ I climbed on the **roof** of our house.(私は私たちの家の屋根に登った)
- ☐ The **leaves** on the trees turn red and yellow in fall.(秋には木の葉が赤や黄色になる)
- ☐ What's the **purpose** of your trip?(あなたの旅の目的は何ですか)
- ☐ Do you have any cold **medicine**?(あなたはかぜ薬を持っていますか)
- ☐ We'll take a test at the **end** of this month.(今月末に私たちはテストを受ける)
- ☐ There was a **hole** in the ground.(地面に穴があった)
- ☐ Is this **seat** taken?(この席は取ってありますか)
- ☐ I sent her an **e-mail**.(私は彼女にEメールを送った)

1st GRADE
WEEK 1
WEEK 2

2nd GRADE
WEEK 3
WEEK 4
WEEK 5

3rd GRADE
WEEK 6
WEEK 7
WEEK 8

Day 23 》CD-A26
Quick Review
答えは左ページ下

- ☐ fire
- ☐ clock
- ☐ ocean
- ☐ garden
- ☐ map
- ☐ hall
- ☐ test
- ☐ space
- ☐ top
- ☐ heart
- ☐ storm
- ☐ dictionary
- ☐ glass
- ☐ health
- ☐ holiday
- ☐ college

Day 25

2nd GRADE＿名詞 7

Check 1　Listen　CD-A28

□ 385 高　❶アクセント注意
example
/igzǽmpl/
イグ**ザ**ァンポゥ

名 例、見本

❶for example で「例えば」

□ 386
peace
/píːs/
ピース

名 平和

形 peaceful（平和な）
❶in peace で「安心して」

□ 387
plant
/plǽnt/
プラァント

名 植物　動 〜を植える

□ 388　❶アクセント注意
communication
/kəmjùːnəkéiʃən/
カミューニ**ケ**イシャン

名 伝達、コミュニケーション

動 communicate（〜を伝達する）

□ 389
action
/ǽkʃən/
アクシャン

名 行動、活動

動名 act（行動する；行為）
❶take action で「行動を起こす」

□ 390
gesture
/dʒéstʃər/
チェスチャー

名 身ぶり、ジェスチャー；そぶり

□ 391
reason
/ríːzn/
リーズン

名 理由、動機

□ 392
planet
/plǽnit/
プラァニット

名 惑星

to be continued
▼

学習のペースはつかめているかな? 通学時間や休み時間などをうまく使って学習を進めてね。

- ☐ 聞くだけモード　Check 1
- ☐ しっかりモード　Check 1 ▶ 2
- ☐ かんぺきモード　Check 1 ▶ 2 ▶ 3

1st GRADE

Check 2	Check 3	
☐ give an **example**(例をあげる)	☐ Can you show me some **examples**?(私にいくつか例を見せてくれますか)	WEEK 1 / WEEK 2
☐ world **peace**(世界平和)	☐ We are hoping for **peace**.(私たちは平和を望んでいる)	
☐ animal and **plant**(動物と植物)	☐ You can see many kinds of **plants** in the park.(その公園では、多くの種類の植物を見ることができる)	**2nd GRADE** WEEK 3
☐ **communication** with my family(私の家族とのコミュニケーション)	☐ Talking is important for **communication**.(話すことはコミュニケーションに重要だ)	**WEEK 4**
☐ international **action**(国際的な活動)	☐ We must take **action** to protect the animals.(私たちはその動物を守るために行動を起こさなければならない)	WEEK 5
☐ an angry **gesture**(怒ったそぶり)	☐ I used **gestures** when I talked with the Chinese man.(私は中国人の男性と話す時に、身ぶりを使った)	**3rd GRADE** WEEK 6
☐ give me a **reason**(私に理由を話す)	☐ I don't understand his **reason** for doing such a thing.(私はそんなことをした彼の動機が分からない)	WEEK 7
☐ a **planet** like the earth(地球のような惑星)	☐ Eight **planets** are going around the sun.(8つの惑星が太陽の周りを回っている)	WEEK 8

to be continued
▼

Day 25

Check 1 🔊 Listen)) CD-A28

□ 393 高
clerk
/klə́ːrk/
クラーク

名 店員、事務員

□ 394 高
event
/ivént/
イヴェント

名 行事、出来事

□ 395
spaceship
/spéiʃip/
スペイスシップ

名 宇宙船

名 space(宇宙；空間)

□ 396
difference
/dífərəns/
ディファランス

名 違い
形 different(違った)
⊕ time differenceで「時差」；make a differenceで「違いが生じる」

□ 397
truck
/trʌ́k/
チュラック

名 トラック、貨物自動車

□ 398
rule
/rúːl/
ルーゥ

名 規則、ルール

□ 399 高
race
/réis/
レイス

名 競走、レース；人種

□ 400 高 ❶アクセント注意
museum
/mjuːzíːəm/
ミューズィーアム

名 博物館；美術館

122 ▶ 123

| Day 24)) CD-A27
Quick Review
答えは右ページ下 | □ 床
□ 点
□ 桜
□ 頭痛 | □ 銀行
□ 試合
□ 教科書
□ 神 | □ 屋根
□ 葉
□ 目的
□ 薬 | □ 終わり
□ 穴
□ 席
□ Eメール |

Check 2 | Check 3

Check 2	Check 3
☐ a bank **clerk**(銀行員)	☐ The **clerk** asked, "May I help you?"(店員は「いらっしゃいませ」と言った)
☐ a school **event**(学校行事)	☐ A sports **event** will be held on that day.(その日はスポーツ行事が行われる)
☐ get on a **spaceship**(宇宙船に乗る)	☐ The **spaceship** will take off tomorrow.(宇宙船は明日、離陸する)
☐ make no **difference**(違いがない[どうでもよい])	☐ Can you tell the **difference** between baseball and softball?(あなたは野球とソフトボールの違いを言えますか)
☐ get on a **truck**(トラックに乗る)	☐ I saw him driving a **truck**.(私は彼がトラックを運転しているのを見た)
☐ keep **rules**(ルールを守る)	☐ Do you know the school **rules**?(校則を知っていますか)
☐ run in a **race**(競走に出る)	☐ A lot of people entered the **race**.(たくさんの人々がレースに出た)
☐ an art **museum**(美術館)	☐ We visited a **museum** on the school trip.(私たちは学校の遠足で博物館を訪れた)

1st GRADE
WEEK 1
WEEK 2
2nd GRADE
WEEK 3
WEEK 4
WEEK 5
3rd GRADE
WEEK 6
WEEK 7
WEEK 8

Day 24))) CD-A27
Quick Review
答えは左ページ下

☐ floor ☐ bank ☐ roof ☐ end
☐ point ☐ match ☐ leaf ☐ hole
☐ cherry ☐ textbook ☐ purpose ☐ seat
☐ headache ☐ God ☐ medicine ☐ e-mail

Day 26

★★★
2nd GRADE＿名詞 8

Check 1　🔊 Listen 》CD-A29

□ 401
key
/kíː/
キー

名 鍵

□ 402　❶発音注意
stadium
/stéidiəm/
ステイディアム

名 競技場、スタジアム

□ 403
farmer
/fáːrmər/
ファーマー

名 農家、農家の人

名 farm（農場）

□ 404 高　❶アクセント注意
supermarket
/súːpərmàːrkit/
スーパーマーキット

名 スーパーマーケット

□ 405
tower
/táuər/
タウアー

名 塔、タワー

□ 406
meeting
/míːtiŋ/
ミーティング

名 会議

動 meet（〜に会う）

□ 407
housework
/háuswə̀ːrk/
ハウスワーク

名 家事

□ 408 高　❶アクセント注意
information
/ìnfərméiʃən/
インフォーメイシャン

名 情報

⊕ information desk で「案内所」

to be continued ▼

Check 2、3も声に出して読んでみると、まとまりで覚えられるから、単語がより頭に入りやすくなるよ。トライしてみてね。

- □ 聞くだけモード Check 1
- □ しっかりモード Check 1 ▶ 2
- □ かんぺきモード Check 1 ▶ 2 ▶ 3

1st GRADE

WEEK 1
WEEK 2

Check 2

□ a **key** to a door(ドアの鍵)

Check 3

□ I lost the **key**.(私は鍵をなくした)

2nd GRADE

□ a baseball **stadium**(野球場)

□ We watched a football game at the **stadium**.(私たちはスタジアムでフットボールの試合を見た)

WEEK 3

□ a rice **farmer**(稲作農家)

□ Some **farmers** gave up their jobs.(農家の人の中には仕事をやめた者もいた)

WEEK 4

□ shop in a **supermarket**(スーパーマーケットで買い物をする)

□ We went to the **supermarket** to get vegetables.(私たちは野菜を買うためにスーパーマーケットへ行った)

WEEK 5

□ go up a **tower**(塔に登る)

□ They built the tallest **tower** in Japan.(彼らは日本で最も高い塔を建てた)

3rd GRADE

□ have a **meeting**(会議を開く)

□ We'll talk about it at the **meeting**.(それについては会議で話し合いましょう)

WEEK 6

□ do **housework**(家事をする)

□ I helped my father with the **housework**.(私は父の家事を手伝った)

WEEK 7

WEEK 8

□ **information** about a person(ある人物についての情報)

□ We got some **information** on the Internet.(私たちはインターネットで情報を得た)

to be continued ▼

Day 26

Check 1 🅛 Listen 》CD-A29

□ 409 ❶発音注意
tour
/túər/
トゥアー

名 旅行、ツアー

名 tourist（旅行客）

□ 410
custom
/kʌ́stəm/
カスタム

名 習慣、風習

□ 411 ❶発音注意
program
/próugræm/
プロウグラァム

名 （テレビ・ラジオの）番組；（行事などの）プログラム

□ 412 高 ❶アクセント注意
experience
/ikspíəriəns/
イクスピアリアンス

名 経験 動 ～を経験する

➕ career experienceで「職業体験学習」

□ 413
voice
/vɔ́is/
ヴォイス

名 声

□ 414
temple
/témpl/
テンポゥ

名 寺

□ 415 ❶アクセント注意
mistake
/mistéik/
ミステイク

名 間違い、ミス 動 ～を間違える、～を誤解する

➕ make a mistakeで「間違える」；by mistakeで「間違えて」

□ 416
case
/kéis/
ケイス

名 場合；事例、ケース；（the caseで）事情

➕ in case of ～ で「～の場合は」

| Day 25 》CD-A28 Quick Review 答えは右ページ下 | □ 例
□ 平和
□ 植物
□ 伝達 | □ 行動
□ 身ぶり
□ 理由
□ 惑星 | □ 店員
□ 行事
□ 宇宙船
□ 違い | □ トラック
□ 規則
□ 競走
□ 博物館 |

Check 2	Check 3	
☐ a **tour** of Kyoto (京都旅行)	☐ Are you enjoying the **tour**? (あなたは旅行を楽しんでいますか)	1st GRADE / WEEK 1
☐ an old **custom** (古い風習)	☐ It's a **custom** in Japan to give children some money on New Year's Day. (日本では元日に子どもたちにお金をあげるのが習慣です)	WEEK 2
☐ a TV **program** (テレビ番組)	☐ They changed the event's **program**. (彼らはイベントのプログラムを変更した)	2nd GRADE
☐ have a wonderful **experience** (すばらしい経験をする)	☐ This is the worst **experience** I have ever had. (これは今まで私がした中で最悪の経験です)	WEEK 3 / WEEK 4
☐ speak in a loud **voice** (大きな声で話す)	☐ I heard someone's **voice**. (私は誰かの声を聞いた)	WEEK 5
☐ visit a **temple** (寺に参る)	☐ Kyoto is famous for its **temples**. (京都は寺で有名だ)	3rd GRADE
☐ make a big **mistake** (大きな間違いを犯す)	☐ Everyone laughed at my **mistake**. (みんなが私のミスを笑った)	WEEK 6
☐ in **case** of rain (雨の場合は)	☐ This is a special **case**. (これは特別なケースだ)	WEEK 7 / WEEK 8

Day 25)) CD-A28
Quick Review
答えは左ページ下

☐ example ☐ action ☐ clerk ☐ truck
☐ peace ☐ gesture ☐ event ☐ rule
☐ plant ☐ reason ☐ spaceship ☐ race
☐ communication ☐ planet ☐ difference ☐ museum

Day 27

★★★
2nd GRADE__名詞 9

Check 1　🔊 Listen 🎵 CD-A30

☐ 417
shape
/ʃéip/
シェイプ

名 形

☐ 418　❶アクセント注意
address
/ədrés/
アヂュレス

名 あて先、住所　動 〜に演説する

☐ 419　❶アクセント注意
activity
/æktívəti/
アク**ティ**ヴィティ

名 活動

形 active（活動的な）

☐ 420
meaning
/míːniŋ/
ミーニング

名 意味

動 mean（〜を意味する）
形 meaningful（意味のある）

☐ 421 高　❶アクセント注意
advice
/ædváis/
アド**ヴァ**イス

名 忠告、助言、アドバイス

動 advise（〜に助言する /ædváiz/ アド**ヴァ**イズ）

☐ 422　❶発音注意
trouble
/trʌ́bl/
チュア**ブ**ゥ

名 困難、トラブル；悩み　動 〜を悩ます

❶ be in trouble で「困っている」；have trouble with 〜 で「〜が故障する」

☐ 423
astronaut
/ǽstrənɔ̀ːt/
アスチュラナート

名 宇宙飛行士

☐ 424 高　❶発音注意
neighbor
/néibər/
ネイバー

名 近所の人；隣国（りんこく）

名 neighborhood（近所）

to be continued
▼

もうすぐこの本の半分が終わるよ。順調に単語を覚えることができているかな？ 見出し語のチェックボックスや赤シートを活用してね。

- ☐ 聞くだけモード　Check 1
- ☐ しっかりモード　Check 1 ▶ 2
- ☐ かんぺきモード　Check 1 ▶ 2 ▶ 3

1st GRADE

WEEK 1

WEEK 2

Check 2

☐ in the **shape** of a star（星の形をした）

☐ name and **address**（名前と住所）

2nd GRADE

WEEK 3

☐ club **activity**（クラブ活動）

WEEK 4

☐ the **meaning** of a word（単語の意味）

WEEK 5

☐ ask his **advice**（彼のアドバイスを求める）

3rd GRADE

☐ get out of **trouble**（困難から抜け出す）

WEEK 6

☐ be chosen as an **astronaut**（宇宙飛行士に選ばれる）

WEEK 7

☐ visit a **neighbor**（近所の人を訪ねる）

WEEK 8

Check 3

☐ The building was a funny **shape**.（その建物はおもしろい形をしていた）

☐ Do you know Jennifer's **address**?（ジェニファーの住所を知っていますか？）

☐ He did a lot of volunteer **activities**.（彼はたくさんのボランティア活動をした）

☐ This word has several **meanings**.（この言葉にはいくつかの意味がある）

☐ Can you give me your **advice**?（私に助言をくれますか）

☐ He is always in **trouble**.（彼はいつも困っている）

☐ I want to be an **astronaut** when I grow up.（私は大きくなったら、宇宙飛行士になりたい）

☐ My mother was talking with our **neighbor**.（私の母は近所の人と話していた）

to be continued
▼

Day 27

Check 1 🎧 Listen)) CD-A30

□ 425
band
/bǽnd/
バァンド

名(音楽の)**バンド、楽団**

□ 426 ❶発音注意
pain
/péin/
ペイン

名**痛み、苦痛**；(painsで)**骨折り**

□ 427 ❶発音注意
knife
/náif/
ナイフ

名**ナイフ**

➕複数形はknives(/náivz/ **ナイヴズ**)

□ 428
factory
/fǽktəri/
ファクトリ

名**工場**

□ 429
gun
/gʌ́n/
ガン

名**銃；大砲**

□ 430
list
/líst/
リスト

名**表、リスト**

□ 431 ❶アクセント注意
exam
/igzǽm/
イグザァム

名**試験；検査**

動examine(〜を検査する)
➕examinationの短縮形

□ 432 ❶発音注意
tourist
/túərist/
トゥアリスト

名**旅行者、観光客**

名tour(旅行)

Day 26)) CD-A29
Quick Review
答えは右ページ下

- □ 鍵
- □ 競技場
- □ 農家
- □ スーパーマーケット
- □ 塔
- □ 会議
- □ 家事
- □ 情報
- □ 旅行
- □ 習慣
- □ 番組
- □ 経験
- □ 声
- □ 寺
- □ 間違い
- □ 場合

Check 2	Check 3	
☐ a popular **band**(人気バンド)	☐ Ken was a member of a famous rock **band**.(ケンは有名なロックバンドのメンバーだった)	1st GRADE / WEEK 1
☐ have a **pain** in my foot(足に痛みがある)	☐ It's important to notice other people's **pain**.(他人の痛みに気づくことは重要だ)	WEEK 2
☐ use a **knife**(ナイフを使う)	☐ Can you cut vegetables with that **knife**?(あのナイフで野菜を切ってくれますか)	2nd GRADE
☐ own a **factory**(工場を所有する)	☐ A lot of people work at the **factory**.(たくさんの人々がその工場で働いている)	WEEK 3 / **WEEK 4**
☐ fire a **gun**(銃を発砲する)	☐ I'm against people having **guns**.(私は人々が銃を持つのには反対だ)	WEEK 5
☐ put him on a **list**(彼をリストに載せる)	☐ I made a **list** of things to do.(私はやるべきことの表を作った)	3rd GRADE
☐ take an **exam**(試験を受ける)	☐ I passed the English **exam**.(私は英語の試験に合格した)	WEEK 6
☐ take a **tourist** to Asakusa(観光客を浅草に連れていく)	☐ A lot of **tourists** want to visit the famous temples in Kyoto.(多くの旅行者は京都の有名な寺を訪ねたいと思う)	WEEK 7 / WEEK 8

Day 26 》CD-A29
Quick Review
答えは左ページ下

☐ key
☐ stadium
☐ farmer
☐ supermarket

☐ tower
☐ meeting
☐ housework
☐ information

☐ tour
☐ custom
☐ program
☐ experience

☐ voice
☐ temple
☐ mistake
☐ case

Day 28

★★★
2nd GRADE＿名詞 10

Check 1　Listen CD-A31

□ 433 高　❶発音注意
lady
/léidi/
レイディ
　名 **婦人**；**淑女**（しゅくじょ）

□ 434
sight
/sáit/
サイト
　名 **光景**；**名所**；**見ること**

□ 435　❶発音注意
blanket
/blǽŋkit/
ブランキット
　名 **毛布**

□ 436
earthquake
/ə́ːrθkwèik/
アースクウェイク
　名 **地震**

□ 437 高
future
/fjúːtʃər/
フューチャー
　名 **未来、将来**

❶ in the future で「将来」

□ 438
homestay
/hóumstèi/
ホウムステイ
　名 **ホームステイ、家庭滞在**

□ 439
memory
/méməri/
メマリ
　名 **思い出**；**記憶**

□ 440　❶アクセント注意
sightseeing
/sáitsìːiŋ/
サイトスィーイング
　名 **観光、見物**　形 **観光の**

to be continued
▼

中学2年生レベルの名詞も今日で終わり。ここまで勉強した単語を覚えていれば、かなり話せるようになるはずだよ。

- ☐ 聞くだけモード　Check 1
- ☐ しっかりモード　Check 1 ▶ 2
- ☐ かんぺきモード　Check 1 ▶ 2 ▶ 3

Check 2

- ☐ **ladies** and gentlemen（紳士淑女の皆さん）
- ☐ see the **sights** of Tokyo（東京の名所を見物する）
- ☐ a small **blanket** for a child（子ども用の小さな毛布）
- ☐ a big **earthquake**（大地震）
- ☐ our **future**（私たちの未来）
- ☐ my **homestay** in London（私のロンドンでのホームステイ）
- ☐ loss of **memory**（記憶の喪失）
- ☐ go on a **sightseeing** trip（観光旅行に行く）

Check 3

- ☐ She was the most intelligent **lady** in town.（彼女は町で一番知的な婦人だった）
- ☐ I'll never forget the wonderful **sight**.（私はそのすばらしい光景を決して忘れないだろう）
- ☐ I need a **blanket** in this cold room.（私はこの寒い部屋では毛布が必要だ）
- ☐ There was an **earthquake** in the city yesterday.（昨日、その都市で地震があった）
- ☐ Do you have any plans for your **future**?（あなたは自分の将来の計画がありますか）
- ☐ Did you enjoy your **homestay** in the country?（いなかでの家庭滞在は楽しかったですか）
- ☐ That is my best **memory** of school.（それが学校での私の最もよい思い出だ）
- ☐ We enjoyed **sightseeing** in Osaka.（私たちは大阪見物を楽しんだ）

to be continued

Day 28

Check 1 🎧 Listen 》CD-A31

□ 441 **spirit** /spírit/ スピリット	名 精神、魂、心；霊魂、生気；元気 ➕fighting spiritで「闘志」
□ 442 **actor** /ǽktər/ アクター	名 俳優 名 actress(女優)
□ 443 高 ❶発音注意 **design** /dizáin/ ディザイン	名 図案、デザイン；設計図　動 ～をデザインする 名 designer(デザイナー)
□ 444 **visitor** /vízitər/ ヴィズィター	名 観光客；訪問者；参観者 動 名 visit(～を訪ねる；訪問)
□ 445 **treasure** /tréʒər/ トレジャー	名 宝、財産　動 ～を大切に保存する
□ 446 高 ❶アクセント注意 **recycling** /riːsáikliŋ/ リーサイクリング	名 リサイクル、再生利用 動 recycle(～を再生利用する)
□ 447 ❶発音注意 **stomachache** /stʌ́məkèik/ スタマケイク	名 胃痛、腹痛 ➕have a stomachacheで「胃(お腹)が痛い」
□ 448 高 ❶発音注意 **tournament** /túərnəmənt/ トゥアナメント	名 トーナメント、勝ち抜き試合

Day 27 》CD-A30
Quick Review
答えは右ページ下

□ 形　□ 忠告　□ バンド　□ 銃
□ あて先　□ 困難　□ 痛み　□ 表
□ 活動　□ 宇宙飛行士　□ ナイフ　□ 試験
□ 意味　□ 近所の人　□ 工場　□ 旅行者

中学2年生レベルの名詞も今日で終わり。ここまで勉強した単語を覚えていれば、かなり話せるようになるはずだよ。

- ☐ 聞くだけモード　Check 1
- ☐ しっかりモード　Check 1 ▶ 2
- ☐ かんぺきモード　Check 1 ▶ 2 ▶ 3

Check 2

☐ **ladies** and gentlemen（紳士淑女の皆さん）

☐ see the **sights** of Tokyo（東京の名所を見物する）

☐ a small **blanket** for a child（子ども用の小さな毛布）

☐ a big **earthquake**（大地震）

☐ our **future**（私たちの未来）

☐ my **homestay** in London（私のロンドンでのホームステイ）

☐ loss of **memory**（記憶の喪失）

☐ go on a **sightseeing** trip（観光旅行に行く）

Check 3

☐ She was the most intelligent **lady** in town.（彼女は町で一番知的な婦人だった）

☐ I'll never forget the wonderful **sight**.（私はそのすばらしい光景を決して忘れないだろう）

☐ I need a **blanket** in this cold room.（私はこの寒い部屋では毛布が必要だ）

☐ There was an **earthquake** in the city yesterday.（昨日、その都市で地震があった）

☐ Do you have any plans for your **future**?（あなたは自分の将来の計画がありますか）

☐ Did you enjoy your **homestay** in the country?（いなかでの家庭滞在は楽しかったですか）

☐ That is my best **memory** of school.（それが学校での私の最もよい思い出だ）

☐ We enjoyed **sightseeing** in Osaka.（私たちは大阪見物を楽しんだ）

1st GRADE
WEEK 1
WEEK 2

2nd GRADE
WEEK 3
WEEK 4
WEEK 5

3rd GRADE
WEEK 6
WEEK 7
WEEK 8

to be continued ▼

Day 28

Check 1 🔊 Listen))) CD-A31

□ 441
spirit
/spírit/
スピリット

名 精神、魂、心；霊魂、生気；元気

➕ fighting spirit で「闘志」

□ 442
actor
/ǽktər/
アクター

名 俳優

🔄 actress（女優）

□ 443 高 ❗発音注意
design
/dizáin/
ディザイン

名 図案、デザイン；設計図　動 ～をデザインする

🔄 designer（デザイナー）

□ 444
visitor
/vízitər/
ヴィズィター

名 観光客；訪問者；参観者

🔄 visit（～を訪ねる；訪問）

□ 445
treasure
/tréʒər/
トレジャー

名 宝、財産　動 ～を大切に保存する

□ 446 高 ❗アクセント注意
recycling
/ri:sáikliŋ/
リーサイクリング

名 リサイクル、再生利用

🔄 recycle（～を再生利用する）

□ 447 ❗発音注意
stomachache
/stáməkèik/
スタマケイク

名 胃痛、腹痛

➕ have a stomachache で「胃（お腹）が痛い」

□ 448 高 ❗発音注意
tournament
/túərnəmənt/
トゥアナメント

名 トーナメント、勝ち抜き試合

Day 27))) CD-A30
Quick Review
答えは右ページ下

- □ 形
- □ あて先
- □ 活動
- □ 意味
- □ 忠告
- □ 困難
- □ 宇宙飛行士
- □ 近所の人
- □ バンド
- □ 痛み
- □ ナイフ
- □ 工場
- □ 銃
- □ 表
- □ 試験
- □ 旅行者

Check 2

- the power of the human **spirit**(人間の精神力)
- a famous **actor**(有名な俳優)
- a **design** for the festival poster(祭りのポスターの図案)
- a **visitor** to this museum(この博物館への訪問者)
- a large **treasure**(多くの財産)
- **recycling** of used clothes(古着の再生利用)
- a bad **stomachache**(ひどい腹痛)
- a tennis **tournament**(テニスのトーナメント)

Check 3

- Do you believe in **spirits**?(あなたは霊魂の存在を信じますか)
- I want to be an **actor**.(私は俳優になりたい)
- This is a **design** for a new car.(これは新しい車のデザインだ)
- We have a lot of **visitors** in this city.(この都市には多くの観光客が訪れる)
- We were not able to find the **treasure** on the island.(私たちはその島で宝を見つけることができなかった)
- We need to think more about **recycling**.(私たちはもっとリサイクルについて考える必要がある)
- You shouldn't drink coffee when you have a **stomachache**.(あなたは胃痛の時にコーヒーを飲むべきではない)
- It's difficult to win this **tournament**.(この勝ち抜き試合で優勝するのは難しい)

1st GRADE
WEEK 1
WEEK 2

2nd GRADE
WEEK 3
WEEK 4
WEEK 5

3rd GRADE
WEEK 6
WEEK 7
WEEK 8

Day 27))) CD-A30
Quick Review
答えは左ページ下

- shape
- address
- activity
- meaning
- advice
- trouble
- astronaut
- neighbor
- band
- pain
- knife
- factory
- gun
- list
- exam
- tourist

まとめて覚えよう！
テーマ別英単語帳

このコーナーでは、テーマ別に学習した方が覚えやすい・使いやすい単語をまとめて紹介します。

❹ 家族

🎧 Listen 》CD-A32

father [fáːðər] ファーザー	名 父
mother [mʌ́ðər] マザー	名 母
sister [sístər] スィスター	名 姉、妹
brother [brʌ́ðər] ブラザー	名 兄、弟
parent [péərənt] ペアレント	名 親
husband [hʌ́zbənd] ハズバンド	名 夫
wife [wáif] ワイフ	名 妻
son [sʌ́n] サン	名 息子
daughter [dɔ́ːtər] ドーター	名 娘
dad [dǽd] ダァッド	名 お父さん
mom [mám] マム	名 お母さん
grandfather [grǽndfàːðər] グランドファーザー	名 祖父
grandmother [grǽndmʌ̀ðər] グランドマザー	名 祖母
uncle [ʌ́ŋkl] アンコゥ	名 おじ
aunt [ǽnt] アント	名 おば
cousin [kʌ́zn] カズン	名 いとこ

> The **daughter** takes after her **father**.
> （娘は父親に似ている）

2nd GRADE (中学2年生レベル)
WEEK 5

今週は、中学2年生レベルの形容詞と副詞を学びます。本書のちょうど半分が終わり、ここから後半戦です。残り半分もこれまでの調子でがんばってください。

Day 29 【形容詞 1】
▶ 138
Day 30 【形容詞 2】
▶ 142
Day 31 【形容詞 3】
▶ 146
Day 32 【形容詞 4】
▶ 150
Day 33 【形容詞 5】
▶ 154
Day 34 【副詞 1】
▶ 158
Day 35 【副詞 2】
▶ 162

テーマ別英単語帳
❺ 体の部分
▶ 166

英語でコレ言える？
Can you say this in English?
（　　）に入る語が分かるかな？

映画、どうだった？
How was the movie?

すごくつまらなかった。眠かったよ。
Pretty boring. It made me (　　).

それじゃ、眠れない時に見に行くわね。
I'll go and watch it when I can't sleep then.

▼
答えはDay 32でチェック！

Day 29

★★★
2nd GRADE__形容詞 1

Check 1 ◎Listen ») CD-B01

□ 449
tall
/tɔ́:l/
トーゥ

形 背の高い(⇔short)、高い(⇔low)；身長が〜ある

□ 450
high
/hái/
ハイ

形 高い(⇔low)

□ 451
bad
/bǽd/
バァッド

形 悪い(⇔good)；嫌な

活用 worse(ワース)-worst(ワースト)
⊕ That's too bad. で「それはいけませんね」

□ 452 高 ❶発音注意
cold
/kóuld/
コウゥド

形 寒い、冷たい(⇔hot) 名 かぜ

⊕ have a cold で「かぜをひいている」

□ 453 高 ❶発音注意
great
/gréit/
グレイト

形 偉大な；すばらしい；大きな

□ 454 高
large
/lá:rdʒ/
ラーヂ

形 大きい、広い

□ 455 ❶発音注意
busy
/bízi/
ビズィ

形 忙しい、(be busy with 〜で)〜で忙しい、にぎやかな

□ 456
hot
/hát/
ハット

形 暑い、熱い(⇔cold)；辛い

⊕ hot spring で「温泉」

to be continued
▼

今日からは形容詞をチェック。余裕のある人は、Check 2、3で、それぞれの単語がどう使われているかも見てみよう。

☐ 聞くだけモード　Check 1
☐ しっかりモード　Check 1 ▶ 2
☐ かんぺきモード　Check 1 ▶ 2 ▶ 3

1st GRADE

WEEK 1
WEEK 2

2nd GRADE

WEEK 3
WEEK 4
WEEK 5

3rd GRADE

WEEK 6
WEEK 7
WEEK 8

Check 2

☐ a **tall** woman（背の高い女性）

☐ a **high** mountain（高い山）

☐ a **bad** boy（悪い少年）

☐ a **cold** rain（冷たい雨）

☐ a **great** doctor（偉大な医者）

☐ a **large** park（広い公園）

☐ be **busy** with my homework（宿題で忙しい）

☐ **hot** tea（熱い紅茶）

Check 3

☐ I'm 5 feet **tall**.（私は身長5フィート[＝約152センチメートル]だ）

☐ Mt. Fuji is very **high**.（富士山はとても高い）

☐ I had a **bad** day.（今日は悪い日だった[今日はついてなかった]）

☐ It got very **cold** at night.（夜にはとても寒くなった）

☐ The trip was **great**.（その旅行はすばらしかった）

☐ There was a **large** tree in the park.（公園には大きな木があった）

☐ I'm **busy** this week.（私は今週、忙しい）

☐ It's **hot** these days.（このごろ暑い）

to be continued

Day 29

Check 1 🎧Listen 》CD-B01

□ 457 高
sad
/sǽd/
サァッド

形**悲しい**

名sadness(悲しみ)
副sadly(悲しいことに)

□ 458 ❶発音注意
warm
/wɔ́ːrm/
ウォーム

形**暖かい**(⇔cool)

□ 459 ❶発音注意
heavy
/hévi/
ヘヴィ

形**重い**(⇔light)**；大量の、激しい**

□ 460 高 ❶発音注意
famous
/féiməs/
フェイマス

形**有名な**

➕be famous for ～で「～で有名である」

□ 461
free
/fríː/
フリー

形**自由な；ひまな；無料の**

名freedom(自由)

□ 462 高
other
/ʌ́ðər/
アザー

形**ほかの、別の**　代(othersで)**他人**

➕any other ～で「ほかのどんな～」；the other dayで「先日」；on the other handで「他方では」

□ 463
careful
/kéərfəl/
ケアフォゥ

形**注意深い、気をつける**

副carefully(注意深く)
➕Be careful.で「注意しなさい」；be careful of ～で「～に注意する」

□ 464
cloudy
/kláudi/
クラウディ

形**くもった**

名cloud(雲)

| Day 28 》CD-A31
Quick Review
答えは右ページ下 | □ 婦人
□ 光景
□ 毛布
□ 地震 | □ 未来
□ ホームステイ
□ 思い出
□ 観光 | □ 精神
□ 俳優
□ 図案
□ 観光客 | □ 宝
□ リサイクル
□ 胃痛
□ トーナメント |

Check 2

- □ a **sad** face(悲しい顔)
- □ a **warm** coat(暖かいコート)
- □ a **heavy** rain(大雨)
- □ a **famous** picture(有名な絵)
- □ **free** time(自由な時間)
- □ **other** people(ほかの人々)
- □ a **careful** boy(注意深い少年)
- □ a **cloudy** sky(くもった空)

Check 3

- □ The news will make her **sad**. (そのニュースは彼女を悲しませるだろう)
- □ It'll be **warm** this winter.(今年の冬は暖かいだろう)
- □ This bag is very **heavy**.(このかばんはとても重い)
- □ This city is **famous** for its beautiful gardens.(この都市は美しい庭園で有名だ)
- □ Are you **free** tomorrow?(あなたは明日、ひまですか)
- □ I have **other** plans on that day.(私はその日、ほかの予定がある)
- □ Be **careful** when you go across the street.(通りを渡る時は気をつけなさい)
- □ I don't like **cloudy** days.(私はくもった日が好きではない)

1st GRADE
WEEK 1
WEEK 2

2nd GRADE
WEEK 3
WEEK 4
WEEK 5

3rd GRADE
WEEK 6
WEEK 7
WEEK 8

Day 28)) CD-A31
Quick Review
答えは左ページ下

- □ lady
- □ sight
- □ blanket
- □ earthquake
- □ future
- □ homestay
- □ memory
- □ sightseeing
- □ spirit
- □ actor
- □ design
- □ visitor
- □ treasure
- □ recycling
- □ stomachache
- □ tournament

Day 30

★★★
2nd GRADE__形容詞 2

Check 1 Listen)) CD-B02

□ 465
rainy
/réini/
レイニ

形 雨の；雨の多い

名 rain（雨）

□ 466 高
young
/jʌ́ŋ/
ヤング

形 若い（⇔old）

⊕ the youngで「若い人たち」

□ 467 高
difficult
/dífikʌ̀lt/
ディフィカゥト

形 難しい（⇔easy）

□ 468 ❶発音注意
foreign
/fɔ́ːrən/
フォーラン

形 外国の

名 foreigner（外国人）

□ 469 高
easy
/íːzi/
イーズィ

形 簡単な（⇔difficult）

副 easily（簡単に）
⊕ take it easyで「のんびりする」；be easy to doで「〜しやすい」

□ 470 高 ❶アクセント注意
exciting
/iksáitiŋ/
イクサイティング

形 興奮させる、わくわくさせる

動 excite（〜を興奮させる）
形 excited（興奮した）
⊕ How exciting!で「へえ、すごい！」

□ 471
wonderful
/wʌ́ndərfəl/
ワンダーフォゥ

形 すばらしい

□ 472 高
different
/dífərənt/
ディファラント

形 （be different from 〜で）〜と違った；さまざまな

名 difference（違い）

to be continued
▼

be different from～ や be interested in ～ のように、特定の前置詞といっしょに使われる形容詞もあるので、注意してね。

☐ 聞くだけモード　Check 1
☐ しっかりモード　Check 1 ▶ 2
☐ かんぺきモード　Check 1 ▶ 2 ▶ 3

1st GRADE

WEEK 1

WEEK 2

2nd GRADE

WEEK 3

WEEK 4

WEEK 5

3rd GRADE

WEEK 6

WEEK 7

WEEK 8

Check 2	Check 3
☐ a **rainy** day（雨の日）	☐ Japan has a **rainy** season in June and July.（日本は6月と7月が梅雨だ）
☐ a **young** man（若い男性）	☐ I'm the **youngest** in my family.（私は家族の中で一番若い）
☐ a **difficult** question（難しい質問）	☐ This book is too **difficult** for me.（この本は私には難しすぎる）
☐ **foreign** countries（外国）	☐ I want to make friends with **foreign** people.（私は外国の人々と友達になりたい）
☐ an **easy** question（簡単な質問）	☐ It's **easy** for him to play the violin.（彼にとってバイオリンをひくのは簡単だ）
☐ an **exciting** game（興奮させる試合）	☐ This comic is very **exciting**.（このマンガはとてもわくわくさせる）
☐ a **wonderful** idea（すばらしい考え）	☐ He wrote a **wonderful** book.（彼はすばらしい本を書いた）
☐ be **different** from other people（ほかの人たちと違う）	☐ My opinion is **different** from his.（私の意見は彼のと違う）

to be continued
▼

Day 30

Check 1 🔊 Listen 》CD-B02

□ 473 高
short
/ʃɔ́:rt/
ショート

形 **短い**(⇔long)；**背が低い**(⇔tall)

□ 474 高
sick
/sík/
スィック

形 **病気の**；**気分の悪い**；(be sick of ～で)**～にうんざりして**
名 sickness(病気)
➕ feel sickで「気分が悪い」

□ 475
terrible
/térəbl/
テラボゥ

形 **恐ろしい**；**ひどい**

□ 476 高 ❶アクセント注意
important
/impɔ́:rtənt/
インポータント

形 **重要な**

名 importance(重要性)

□ 477 高
few
/fjú:/
フュー

形 **ほとんど～ない**、**わずかの**(⇔many)；(a fewで)**少数の、2～3の**

□ 478
poor
/púər/
プアー

形 **貧しい**(⇔rich)；**かわいそうな**

➕ be poor at ～で「～が下手な」

□ 479 高
deep
/dí:p/
ディープ

形 **深い**；**(色が)濃い**

副 deeply(深く)

□ 480 高
interested
/íntərəstid/
インタレスティド

形 (be interested in ～で)**～に興味のある**

形 interesting(おもしろい)
名 interest(興味)

Day 29 》CD-B01
Quick Review
答えは右ページ下

- □ 背の高い
- □ 高い
- □ 悪い
- □ 寒い

- □ 偉大な
- □ 大きい
- □ 忙しい
- □ 暑い

- □ 悲しい
- □ 暖かい
- □ 重い
- □ 有名な

- □ 自由な
- □ ほかの
- □ 注意深い
- □ くもった

Check 2

- □ **short** hair(短い髪)
- □ be **sick** in bed(病気で寝ている)
- □ a **terrible** crime(恐ろしい犯罪)
- □ an **important** message(重要なメッセージ)
- □ a **few** days(2〜3日)
- □ a **poor** family(貧しい家族)
- □ a **deep** lake(深い湖)
- □ be **interested** in Japanese culture(日本文化に興味がある)

Check 3

- □ He sent me a **short** letter.(彼は私に短い手紙を送ってきた)
- □ You look **sick**.(あなたは気分が悪そうですね)
- □ She said some **terrible** things about me.(彼女は私についてひどいことを言った)
- □ Health is very **important**.(健康はとても重要だ)
- □ **Few** people came to the party.(そのパーティーにはほとんど人が来なかった)
- □ He was **poor** but worked hard.(彼は貧しかったが、一生懸命働いた)
- □ The snow was very **deep**.(雪はとても深かった)
- □ I'm **interested** in studying music.(私は音楽を学ぶことに興味がある)

1st GRADE
WEEK 1
WEEK 2

2nd GRADE
WEEK 3
WEEK 4
WEEK 5

3rd GRADE
WEEK 6
WEEK 7
WEEK 8

Day 29 》CD-B01
Quick Review
答えは左ページ下

- □ tall
- □ high
- □ bad
- □ cold
- □ great
- □ large
- □ busy
- □ hot
- □ sad
- □ warm
- □ heavy
- □ famous
- □ free
- □ other
- □ careful
- □ cloudy

Day 31

2nd GRADE＿形容詞 3

Check 1 Listen CD-B03

□ 481 高
full
/fúl/
フゥ

形(be full of ～で)～でいっぱいの(⇔empty)；
～が多くある；満腹の

□ 482 高
glad
/glǽd/
グラァッド

形うれしい、(be glad to do / be glad [that] ～で)
～して／～ということがうれしい

□ 483
snowy
/snóui/
スノウィ

形雪の降る、雪の多い；雪の積もった

名snow(雪)

□ 484 高
special
/spéʃəl/
スペショゥ

形特別の　名特別料理

□ 485
own
/óun/
オウン

形自分自身の　動～を所有する

名owner(飼い主；所有者)
＋on one's ownで「独力で」

□ 486
cute
/kjúːt/
キュート

形かわいい

□ 487 高
each
/íːtʃ/
イーチ

形それぞれの　代(each of ～で)～のそれぞれ

＋each otherで「お互い」

□ 488 高 ❗アクセント注意
traditional
/trədíʃənl/
チュラディシャナゥ

形伝統的な

名tradition (伝統)

to be continued

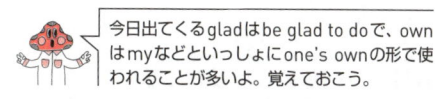

今日出てくるgladはbe glad to doで、ownはmyなどといっしょにone's ownの形で使われることが多いよ。覚えておこう。

- ☐ 聞くだけモード　Check 1
- ☐ しっかりモード　Check 1 ▶ 2
- ☐ かんぺきモード　Check 1 ▶ 2 ▶ 3

1st GRADE / WEEK 1 / WEEK 2 / 2nd GRADE / WEEK 3 / WEEK 4 / **WEEK 5** / 3rd GRADE / WEEK 6 / WEEK 7 / WEEK 8

Check 2	Check 3
☐ be **full** of people（人でいっぱいだ）	☐ The company was **full** of problems.（その会社には問題がたくさんあった）
☐ be **glad** to hear that（それを聞いてうれしい）	☐ I'm very **glad** about the news.（私はその知らせをとてもうれしく思う）
☐ a **snowy** mountain（雪の積もった山）	☐ It'll be **snowy** in Hokkaido tomorrow.（明日、北海道は雪が降るだろう）
☐ a **special** present（特別なプレゼント）	☐ We eat **special** foods on New Year's Day in Japan.（日本では元日に特別な料理を食べる）
☐ my **own** cup（自分のカップ）	☐ He wants to have his **own** company in the future.（彼は将来、自分自身の会社を持ちたいと思っている）
☐ a **cute** cat（かわいいネコ）	☐ She is the **cutest** of all my friends.（彼女は私の友達の中で一番かわいい）
☐ **each** school（それぞれの学校）	☐ **Each** student has his or her own dictionary.（どの生徒も自分自身の辞書を持っている）
☐ a **traditional** culture（伝統文化）	☐ I like **traditional** Japanese food like tofu.（私は豆腐のような伝統的な日本の料理が好きだ）

to be continued ▼

Day 31

Check 1 🎧 Listen 》CD-B03

□ 489 ❶発音注意
strange
/stréindʒ/
ストゥ**レ**インヂ

形 **奇妙な**；見知らぬ、なじみのない

名 stranger（見知らぬ人）
⊕ strange to say で「おかしな話だが」

□ 490 ❶アクセント注意
afraid
/əfréid/
ア**フ**レイド

形 (be afraid of ～ で)**～を恐れて**；(I'm afraid [that] ～ で) 残念ですが～

□ 491 ❶発音注意
enough
/ináf/
イ**ナ**フ

形 **十分な**；(enough ～ to do で) …するのに十分な～ 副 十分に

□ 492
useful
/júːsfəl/
ユースフォゥ

形 **役に立つ**

動 use（～を使う）

□ 493
loud
/láud/
ラウド

形 **音が大きい**；うるさい

副 loudly（大声で）

□ 494 ❶発音注意
ready
/rédi/
レディ

形 (be ready for ～ / be ready to do で)**～の／～する準備ができた、用意ができた**

⊕ get ready で「用意をする」

□ 495 高 ❶アクセント注意
delicious
/dilíʃəs/
ディ**リ**シャス

形 **おいしい**

□ 496 高 ❶アクセント注意
international
/ìntərnǽʃənl/
インター**ナ**ァシャナゥ

形 **国際的な**

| Day 30 》CD-B02 Quick Review 答えは右ページ下 | □ 雨の
□ 若い
□ 難しい
□ 外国の | □ 簡単な
□ 興奮させる
□ すばらしい
□ 違った | □ 短い
□ 病気の
□ 恐ろしい
□ 重要な | □ ほとんど～ない
□ 貧しい
□ 深い
□ 興味のある |

Check 2	Check 3	
☐ a **strange** story(奇妙な話)	☐ That country was **strange** to him.(あの国は彼にとってなじみがなかった)	1st GRADE
☐ be **afraid** of ghosts(幽霊を恐れる)	☐ I'm **afraid** I don't know.(残念ですが、私は知りません)	WEEK 1 / WEEK 2
☐ **enough** food(十分な食料)	☐ I had **enough** time to solve all the problems.(私にはすべての問題を解くのに十分な時間があった)	2nd GRADE
☐ **useful** advice(役に立つアドバイス)	☐ This book is **useful** for understanding American culture.(この本はアメリカ文化を理解するのに役に立つ)	WEEK 3 / WEEK 4
☐ a **loud** noise(うるさい音)	☐ Let's sing in a **loud** voice.(大きい声で歌いましょう)	WEEK 5
☐ be **ready** to start(出発する準備ができている)	☐ Are you **ready** for school?(あなたは学校の用意はできていますか)	3rd GRADE
☐ **delicious** food(おいしい食事)	☐ We had a **delicious** dinner at a famous restaurant.(私たちは有名レストランでおいしい夕食を食べた)	WEEK 6
☐ an **international** movie star(国際的な映画スター)	☐ I'd like to make an **international** call.(国際電話をかけたいのですが)	WEEK 7 / WEEK 8

Day 30 》CD-B02
Quick Review
答えは左ページ下

☐ rainy ☐ easy ☐ short ☐ few
☐ young ☐ exciting ☐ sick ☐ poor
☐ difficult ☐ wonderful ☐ terrible ☐ deep
☐ foreign ☐ different ☐ important ☐ interested

Day 32

★★★
2nd GRADE＿形容詞 4

Check 1　　🔊 Listen 》CD-B04

□ 497
local
/lóukəl/
ロウコゥ

形 **地元の、その土地の；場所の**

□ 498
natural
/nǽtʃərəl/
ナァチュラゥ

形 **自然の；当然の**

名 nature（自然）
➕ natural gas で「天然ガス」

□ 499
soft
/sɔ́:ft/
ソーフト

形 **やわらかい**（⇔hard）

副 softly（やわらかく）

□ 500
sleepy
/slí:pi/
スリーピ

形 **眠い**

動 sleep（眠る）

□ 501 高
angry
/ǽŋgri/
アングリ

形 **怒った**

➕ get angry with ～で「～に腹を立てる」

□ 502 高
dark
/dá:rk/
ダーク

形 **暗い**（⇔bright、light）；(色が)**濃い**　名 **暗闇**

名 darkness（暗闇）

□ 503 高　❶アクセント注意
excited
/iksáitid/
イクサイティド

形 **興奮した、わくわくした**；(be excited to do で)**～するのに興奮して**

動 excite（～を興奮させる）
形 exciting（興奮させる）

□ 504 高　❶アクセント注意
surprised
/sərpráizd/
サープライズド

形 **驚いた**、(be surprised at ～で)**～に驚く**

動 surprise（～を驚かす）
形 surprising（驚くべき）

to be continued
▼

excitedやsurprisedの使い方に注意しよう。Check 2、3の英文でどんなふうに使われているかをよく見ておこう。

☐ 聞くだけモード　Check 1
☐ しっかりモード　Check 1 ▶ 2
☐ かんぺきモード　Check 1 ▶ 2 ▶ 3

1st GRADE
WEEK 1
WEEK 2

2nd GRADE
WEEK 3
WEEK 4
WEEK 5

3rd GRADE
WEEK 6
WEEK 7
WEEK 8

Check 2 | Check 3

☐ **local** food（地元の［名物］料理）
▶ ☐ My brother goes to a **local** university.（私の兄は地元の大学に通っている）

☐ **natural** food（自然食品）
▶ ☐ It's **natural** for her to feel sad.（彼女が悲しむのも当然だ）

☐ **soft** bread（やわらかいパン）
▶ ☐ The cake was **soft** and sweet.（そのケーキはやわらかくて甘かった）

☐ look **sleepy**（眠そうに見える）
▶ ☐ I felt **sleepy** during the movie.（私は映画の間、眠かった）

☐ an **angry** face（怒った顔）
▶ ☐ She'll get **angry** with me.（彼女は私のことを怒るだろう）

☐ **dark** brown（濃い茶色）
▶ ☐ We went home when it got **dark**.（暗くなると、私たちは家に帰った）

☐ be **excited** about the news（知らせに興奮する）
▶ ☐ The children were **excited** to find their Christmas presents.（子どもたちはクリスマスプレゼントを見つけて興奮した）

☐ be **surprised** at the price（値段に驚く）
▶ ☐ We were **surprised** to see him.（私たちは彼に会って驚いた）

to be continued
▼

Day 32

Check 1 🎧 Listen ♪) CD-B04

☐ 505 高
slow
/slóu/
スロウ

形 遅い、ゆっくりとした(⇔fast、quick)

副 slowly(ゆっくりと)

☐ 506
bright
/bráit/
ブライト

形 輝いている；明るい(⇔dark)

名 brightness(明るさ)

☐ 507
public
/pʌ́blik/
パブリック

形 公共の；公立の

⊕ the publicで「一般の人たち」；public transportationで「公共交通機関」

☐ 508
empty
/émpti/
エンプティ

形 空の(⇔full)；人のいない

☐ 509 ❶発音注意
silent
/sáilənt/
サイレント

形 静かな、音のしない

☐ 510
unhappy
/ʌ̀nhǽpi/
アンハァピ

形 不幸な(⇔happy)

☐ 511
funny
/fʌ́ni/
ファニ

形 おもしろい、こっけいな

名 fun(楽しいこと)

☐ 512
dry
/drái/
ヂュライ

形 乾いた(⇔wet)；枯れた；雨の降らない

| Day 31 ♪) CD-B03 Quick Review 答えは右ページ下 | ☐ いっぱいの
☐ うれしい
☐ 雪の降る
☐ 特別の | ☐ 自分自身の
☐ かわいい
☐ それぞれの
☐ 伝統的な | ☐ 奇妙な
☐ 恐れて
☐ 十分な
☐ 役に立つ | ☐ 音が大きい
☐ 準備ができた
☐ おいしい
☐ 国際的な |

Check 2

- □ **slow** music(ゆっくりとした音楽)

- □ be **bright** like the sun(太陽のように明るい)

- □ a **public** library(公立図書館)

- □ an **empty** bottle(空のびん)

- □ a **silent** night(静かな夜)

- □ an **unhappy** life(不幸な人生)

- □ a **funny** story(おもしろい話)

- □ **dry** season(乾燥する季節[乾季])

Check 3

- □ I was **slow** in everything when I was a child.(私は子どものころ、何をするのも遅かった)

- □ Her eyes were **bright** when she saw a cute dog.(かわいい犬を見た時、彼女の目は輝いた)

- □ Don't be noisy in a **public** place.(公共の場所で騒いではいけない)

- □ The house was **empty** when I came home.(私が帰ると、家には誰もいなかった)

- □ The people in the hall became **silent** when the concert started.(コンサートが始まると、ホールにいた人々は静かになった)

- □ She was **unhappy** to hear the news.(彼女はその知らせを聞いて不幸だった)

- □ He is the **funniest** man I have ever met.(彼は私が今まで会った中で最もおもしろい男性だ)

- □ The hot weather continued and the lake went **dry**.(暑い天候が続き、湖は枯れた)

1st GRADE
WEEK 1
WEEK 2

2nd GRADE
WEEK 3
WEEK 4
WEEK 5

3rd GRADE
WEEK 6
WEEK 7
WEEK 8

Day 31))) CD-B03
Quick Review
答えは左ページ下

- □ full
- □ glad
- □ snowy
- □ special
- □ own
- □ cute
- □ each
- □ traditional
- □ strange
- □ afraid
- □ enough
- □ useful
- □ loud
- □ ready
- □ delicious
- □ international

Day 33

★★★
2nd GRADE__形容詞 5

Check 1   Listen CD-B05

□ 513 ❶発音注意 **healthy** /hélθi/ ヘゥシィ	形 健康な；健康に役立つ 名 health（健康）
□ 514 **low** /lóu/ ロウ	形 低い（⇔high、tall）；（価値が）低い ➕ at a low priceで「低価格で」
□ 515 **rich** /rítʃ/ リッチ	形 金持ちの（⇔poor）；豊かな
□ 516 高 ❶発音注意 **friendly** /fréndli/ フレンドリ	形 友好的な、人なつこい；優しい 名 friend（友達）
□ 517 **various** /véəriəs/ ヴェアリアス	形 さまざまな 名 variety（多様性）
□ 518 **brave** /bréiv/ ブレイヴ	形 勇敢な
□ 519 ❶発音注意 **unique** /ju:ní:k/ ユーニーク	形 独特の；たいへんめずらしい；唯一の
□ 520 **native** /néitiv/ ネイティヴ	形 母国の；その土地の、先住の

to be continued
▼

中学2年生レベルの形容詞はここまで。たくさんあるけど覚えられたかな？ きちんと身につけるために、復習を忘れずにね。

- ☐ 聞くだけモード　Check 1
- ☐ しっかりモード　Check 1 ▶ 2
- ☐ かんぺきモード　Check 1 ▶ 2 ▶ 3

1st GRADE — WEEK 1, WEEK 2

Check 2 / Check 3

- ☐ a **healthy** breakfast（健康的な朝食）
  ▶ ☐ The warm weather made him **healthy**.（暖かい気候が彼を健康にした）

2nd GRADE

- ☐ a **low** tree（低い木）
  ▶ ☐ I got this watch at a **low** price.（私はこの時計を低価格で手に入れた）

WEEK 3

- ☐ a **rich** man（金持ちの人）
  ▶ ☐ Chris worked very hard to be **rich**.（クリスは金持ちになるためにとても一生懸命働いた）

WEEK 4

- ☐ a **friendly** smile（人なつっこいほほえみ）
  ▶ ☐ Bob is so **friendly** that everyone likes him.（ボブはとても友好的なので、みんな彼が好きだ）

WEEK 5

- ☐ **various** opinions（さまざまな意見）
  ▶ ☐ You can enjoy **various** kinds of food in that restaurant.（そのレストランではさまざまな種類の食べ物を楽しめる）

3rd GRADE

- ☐ a **brave** soldier（勇敢な兵士）
  ▶ ☐ He was the **bravest** man in town.（彼は町で最も勇敢な男だった）

WEEK 6

- ☐ a **unique** idea（独創的なアイデア）
  ▶ ☐ This custom is **unique** to this country.（この習慣はこの国独特のものだ）

WEEK 7

- ☐ a **native** language（母語）
  ▶ ☐ They met friendly **native** people in the forest.（彼らは森で友好的な土地の住民に会った）

WEEK 8

to be continued
▼

Day 33

Check 1 🎧 Listen)) CD-B05

□ 521
safe
/séif/
セイフ
▶ 形**安全な**(⇔dangerous)、(safe from ～で)**～の恐れのない**

□ 522
smart
/smá:rt/
スマート
▶ 形**利口な**；(動作などが)**きびきびした**

□ 523 高
junior
/dʒú:njər/
チューニャ
▶ 形**年下の**、(junior to ～で)**～より年少の**；**下位の**

□ 524 高
nervous
/nə́:rvəs/
ナーヴァス
▶ 形**神経質な、いらいらして**；**緊張して**

□ 525
true
/trú:/
トゥルー
▶ 形**本当の**
名 truth(真実)
⊕ come trueで「実現する」；That's true.で「本当ですね」

□ 526
active
/ǽktiv/
アクティヴ
▶ 形**活動的な**；**活発な**；**活動中の**
名 activity(活動)

□ 527 ❶発音注意
huge
/hjú:dʒ/
ヒューヂ
▶ 形**巨大な**；**広範囲の**；**莫大**(ばくだい)**な**

□ 528 高
convenient
/kənví:njənt/
カンヴィーニエント
▶ 形**便利な、使いやすい**；**都合のよい**
名 convenience(便利)

Day 32)) CD-B04
Quick Review
答えは右ページ下

□ 地元の
□ 自然の
□ やわらかい
□ 眠い

□ 怒った
□ 暗い
□ 興奮した
□ 驚いた

□ 遅い
□ 輝いている
□ 公共の
□ 空の

□ 静かな
□ 不幸な
□ おもしろい
□ 乾いた

Check 2

- □ be **safe** for women(女性に安全である)
- □ a **smart** boy(利口な少年)
- □ the **junior** class(年少のクラス)
- □ make me **nervous**(私をいらいらさせる)
- □ a **true** friend(本当の友達)
- □ an **active** student(活動的な学生)
- □ a **huge** rice field(広範囲の水田)
- □ a **convenient** machine(便利な機械)

Check 3

- □ They looked for a **safe** place to live.(彼らは住むのに安全な場所を探した)
- □ He was so **smart** that he was able to answer all the questions.(彼はとても利口だったので、すべての質問に答えられた)
- □ Mike is **junior** to me.(マイクは私よりも年下だ)
- □ Beth was a **nervous** child.(ベスは神経質な子どもだった)
- □ The story must be **true**.(その話は本当に違いない)
- □ I want my son to be more **active**.(私は息子にもっと活発になってもらいたい)
- □ Uluru is one **huge** rock.(ウルルは巨大な1つの岩だ)
- □ Tomorrow is **convenient** for me.(明日は私にとって都合がよい)

1st GRADE
WEEK 1
WEEK 2

2nd GRADE
WEEK 3
WEEK 4
WEEK 5

3rd GRADE
WEEK 6
WEEK 7
WEEK 8

Day 32)) CD-B04
Quick Review
答えは左ページ下

- □ local
- □ natural
- □ soft
- □ sleepy
- □ angry
- □ dark
- □ excited
- □ surprised
- □ slow
- □ bright
- □ public
- □ empty
- □ silent
- □ unhappy
- □ funny
- □ dry

Day 34

★★★
2nd GRADE＿副詞 **1**

Check 1 🔊 Listen 》CD-B06

□ 529 高　❶発音注意
only
/óunli/
オウンリ

副 **ただ～だけ**　形 **唯一の**

➕ not only ～ but also ... で「～ばかりでなく…も」

□ 530 高
early
/ə́ːrli/
アーリ

副 **早く**（⇔late）　形 **早い**

□ 531 高
really
/ríːəli/
リーアリ

副 **本当に、**（あいづちで）**本当ですか；すごく**

形 real（本当の）

□ 532 高　❶発音注意
home
/hóum/
ホウム

副 **家に**　名 **家、家庭**　形 **家庭の；故郷の、地元の**

➕ come[get/go] home で「帰宅する」

□ 533 高
then
/ðén/
ゼン

副 **その時；それから**

□ 534 高
fast
/fǽst/
ファスト

副 **速く**（⇔slowly）　形 **速い**

□ 535 高
also
/ɔ́ːlsou/
オーゥソウ

副 **～もまた**

□ 536
out
/áut/
アウト

副 **外へ、外出中で**

➕ out of ～で「～から外へ」；come out で「出てくる」

to be continued
▼

今日は副詞をチェック。ここに出てくるのは、よく使われるものばかりなので、できるだけしっかり覚えておこうね。

- ☐ 聞くだけモード　Check 1
- ☐ しっかりモード　Check 1 ▶ 2
- ☐ かんぺきモード　Check 1 ▶ 2 ▶ 3

1st GRADE

Check 2	Check 3
☐ **only** two people(たった2人だけ)	☐ I **only** have 100 yen now.(私は今たった100円だけ持っている)
☐ get up **early**(早く起きる)	☐ I'll come home **early** today.(私は今日、早く帰るだろう)
☐ **really** small(すごく小さい)	☐ Oh, **really**?(まあ、本当ですか)
☐ go **home**(家に帰る)	☐ I'll be **home** this Sunday.(私は今週の日曜日は家にいるだろう)
☐ I was calling **then**.(私はその時、電話をしていた)	☐ **Then** I went to bed.(それから私は寝た)
☐ run **fast**(速く走る)	☐ He talks **fast**.(彼は早口で話す)
☐ Tom and **also** Jim(トムとジムもまた)	☐ She **also** came to the party.(彼女もまたパーティーに来た)
☐ get **out**(外に出る)	☐ She is **out** now.(彼女は今、外出中だ)

WEEK 1
WEEK 2

2nd GRADE

WEEK 3
WEEK 4
WEEK 5

3rd GRADE

WEEK 6
WEEK 7
WEEK 8

to be continued ▼

Day 34

Check 1　🔊Listen 》CD-B06

□ 537 高
hard
/hάːrd/
ハード

副**一生懸命に**　形**難しい；苦しい；固い**
(⇔soft)

□ 538 高
back
/bǽk/
バァック

副**後ろへ、戻って**　名**背中**

➕come[go/get] back toで「〜に戻る」

□ 539 高　❗アクセント注意
tomorrow
/təmɔ́ːrou/
タモーロウ

副**明日は、明日**　名**明日**

□ 540 高　❗アクセント注意
together
/təgéðər/
トゥゲザー

副**いっしょに**

➕get[come] togetherで「集まる」

□ 541
far
/fάːr/
ファー

副(far from 〜で)**〜から遠くに**　形**遠い**

➕How far 〜?で「どのくらい(遠い)ですか」

□ 542
still
/stíl/
スティゥ

副**まだ、今でも；それでもなお**

□ 543　❗発音注意
alone
/əlóun/
アロウン

副**ただ1人で**

➕all aloneで「1人ぼっちで」

□ 544 高　❗発音注意
always
/ɔ́ːlweiz/
オーゥウェイズ

副**いつも、常に**

➕not always 〜で「必ずしも〜とは限らない」

Day 33 》CD-B05
Quick Review
答えは右ページ下

□ 健康な　□ さまざまな　□ 安全な　□ 本当の
□ 低い　□ 勇敢な　□ 利口な　□ 活動的な
□ 金持ちの　□ 独特の　□ 年下の　□ 巨大な
□ 友好的な　□ 母国の　□ 神経質な　□ 便利な

Check 2	Check 3	
☐ study **hard**(一生懸命勉強する)	☐ He worked very **hard**.(彼はとても一生懸命働いた)	**1st GRADE**
		WEEK 1
☐ come **back** here(ここに戻ってくる)	☐ I'll be **back** in a minute.(すぐに戻ります)	WEEK 2
☐ It'll rain **tomorrow**.(明日は雨が降るだろう)	☐ What will you do **tomorrow**?(あなたは明日、何をしますか)	**2nd GRADE**
☐ study **together**(いっしょに勉強する)	☐ Let's go **together**.(いっしょに行きましょう)	WEEK 3
		WEEK 4
☐ go **far** away(遠くに行く)	☐ How **far** is it from here?(それはここからどのくらい遠いですか)	**WEEK 5**
☐ **still** remember it(それをまだ覚えている)	☐ He is **still** working.(彼はまだ働いている)	**3rd GRADE**
☐ go home **alone**(1人で家に帰る)	☐ She likes traveling **alone**.(彼女は1人で旅をするのが好きだ)	WEEK 6
		WEEK 7
☐ be **always** happy(いつも幸せである)	☐ I **always** play baseball after school.(私は放課後、いつも野球をする)	WEEK 8

Day 33 ») CD-B05
Quick Review
答えは左ページ下

☐ healthy ☐ various ☐ safe ☐ true
☐ low ☐ brave ☐ smart ☐ active
☐ rich ☐ unique ☐ junior ☐ huge
☐ friendly ☐ native ☐ nervous ☐ convenient

Day 35

2nd GRADE＿副詞 2

Check 1　Listen)) CD-B07

□ 545 高
later
/léitər/
レイター

副 後で

⊕ sometime later で「しばらくたって」

□ 546 高　❶発音注意
once
/wʌ́ns/
ワンス

副 一度；かつて　接 いったん～すれば

⊕ once upon a time で「昔々」；at once で「すぐに」；once more で「もう一度」

□ 547
away
/əwéi/
アウェイ

副 離れて；あちらへ

⊕ far away で「遠く離れて」；get[go] away で「立ち去る」；right away で「すぐに」

□ 548 高
soon
/súːn/
スーン

副 すぐに、間もなく

⊕ as soon as ～で「～するとすぐに」

□ 549
maybe
/méibi/
メイビ

副 もしかすると

□ 550 高
almost
/ɔ́ːlmoust/
オーゥモウスト

副 ほとんど、もう少しで；危うく～するところで

□ 551
quickly
/kwíkli/
クウィックリ

副 速く（⇔slowly）、素早く、急いで

形 quick（速い）

□ 552
suddenly
/sʌ́dnli/
サドゥンリ

副 突然

to be continued
▼

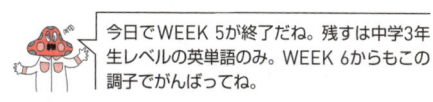

今日でWEEK 5が終了だね。残すは中学3年生レベルの英単語のみ。WEEK 6からもこの調子でがんばってね。

- ☐ 聞くだけモード　Check 1
- ☐ しっかりモード　Check 1 ▶ 2
- ☐ かんぺきモード　Check 1 ▶ 2 ▶ 3

Check 2

- ☐ a few days **later**（数日後）
- ☐ have seen him **once**（彼に一度会ったことがある）
- ☐ go **away**（あちらへ行く[立ち去る]）
- ☐ get well **soon**（[健康状態が]すぐによくなる）
- ☐ **Maybe** she will come.（もしかすると彼女は来るかもしれない）
- ☐ **almost** finished（ほとんど終えた）
- ☐ come **quickly**（急いで来る）
- ☐ **suddenly** start（突然始まる）

Check 3

- ☐ See you **later**.（後で会いましょう[またね]）
- ☐ He was **once** a famous singer.（彼はかつて有名な歌手だった）
- ☐ The next town is miles **away**.（となりの町は何マイルも離れている）
- ☐ It'll stop raining **soon**.（間もなく雨はやむだろう）
- ☐ **Maybe** you should see a doctor.（もしかすると医者に診てもらった方がいいかもしれません）
- ☐ **Almost** all the students take the test.（ほとんど全員の生徒がそのテストを受ける）
- ☐ I finished breakfast **quickly**.（私は朝食を速く食べ終えた）
- ☐ **Suddenly**, he felt sick.（突然、彼は気分が悪くなった）

1st GRADE
WEEK 1
WEEK 2

2nd GRADE
WEEK 3
WEEK 4
WEEK 5

3rd GRADE
WEEK 6
WEEK 7
WEEK 8

to be continued ▼

Day 35

Check 1 🎧 Listen CD-B07

□ 553 ❶発音注意
either
/íːðər/
イーザー

副(否定文で)**〜もまた(〜ない)** 形(either 〜 or ...で)〜か...のどちらかの

□ 554
straight
/stréit/
スチュレイト

副**まっすぐに** 形**まっすぐな**

□ 555 高
finally
/fáinəli/
ファイナリ

副**ついに、最後に**

形 final (最後の)

□ 556 高
carefully
/kéərfəli/
ケアーファリ

副**注意深く、慎重に**

形 careful (注意深い)

□ 557
so
/sóu/
ソウ

副**そのように;とても** 接**それで、だから**

➕ 〜 and so on で「〜など」; so 〜 that ... で「とても〜なので...」; so to speak で「いわば」

□ 558 高
easily
/íːzili/
イーズィリ

副**簡単に、容易に;気楽に**

形 easy (簡単な)

□ 559
probably
/prάbəbli/
プラバブリ

副**たぶん、おそらく**

□ 560
however
/hauévər/
ハウエヴァー

副**しかしながら;どんなに〜でも**

Day 34 🎧 CD-B06
Quick Review
答えは右ページ下

□ ただ〜だけ
□ 早く
□ 本当に
□ 家に

□ その時
□ 速く
□ 〜もまた
□ 外へ

□ 一生懸命に
□ 後ろへ
□ 明日は
□ いっしょに

□ 遠くに
□ まだ
□ ただ1人で
□ いつも

Check 2

- □ I don't know, **either**.（私もまた知らない）

- □ go **straight**（まっすぐに進む）

- □ **finally** give up（ついにあきらめる）

- □ listen **carefully**（注意深く聞く）

- □ get up **so** early（とても早く起きる）

- □ win a game **easily**（試合に楽に勝つ）

- □ I'll **probably** go.（私はたぶん行くだろう）

- □ He, **however**, is wrong.（しかしながら彼は間違っている）

Check 3

- □ I don't like the class, **either**.（私もその授業は好きではない）

- □ The dog came **straight** at me.（犬は私めがけてまっすぐにやって来た）

- □ I **finally** found the key.（ついに私はその鍵を見つけた）

- □ Think **carefully** what to do.（何をすべきか慎重に考えなさい）

- □ I think **so**, too.（私もそう思う）

- □ I was able to answer the question **easily**.（私はその質問に容易に答えることができた）

- □ They'll **probably** pass the test.（おそらく、彼らは試験に合格するだろう）

- □ They haven't noticed the truth yet. **However**, they soon will.（彼らはまだ真実に気づいていない。しかしながら、すぐに気づくだろう）

1st GRADE
WEEK 1
WEEK 2

2nd GRADE
WEEK 3
WEEK 4
WEEK 5

3rd GRADE
WEEK 6
WEEK 7
WEEK 8

Day 34))CD-B06
Quick Review
答えは左ページ下

- □ only
- □ early
- □ really
- □ home
- □ then
- □ fast
- □ also
- □ out
- □ hard
- □ back
- □ tomorrow
- □ together
- □ far
- □ still
- □ alone
- □ always

まとめて覚えよう！
テーマ別英単語帳

このコーナーでは、テーマ別に学習した方が覚えやすい・使いやすい単語をまとめて紹介します。

❺ 体の部分

🎧 Listen 》CD-B08

head [héd] ヘッド	名 頭
hair [héər] ヘアー	名 髪
nose [nóuz] ノウズ	名 鼻
ear [íər] イアー	名 耳
mouth [máuθ] マウス	名 口
finger [fíŋgər] フィンガー	名 (手の)指
eye [ái] アイ	名 目
neck [nék] ネック	名 首
back [bǽk] バァック	名 背中
hand [hǽnd] ハァンド	名 手
arm [áːrm] アーム	名 腕
foot [fút] フット	名 足(くるぶしから下) ➕ 複数形は feet(**フィート**)
leg [lég] レッグ	名 脚(ももから足首)
face [féis] フェイス	名 顔
skin [skín] スキン	名 皮ふ、肌
stomach [stʌ́mək] スタマック	名 胃、腹
shoulder [ʃóuldər] ショウルダー	名 肩
tooth [túːθ] トゥース	名 歯 ➕ 複数形は teeth(**ティース**)

I broke my **arm** in the accident.
(私は事故で腕を折った)

3rd GRADE (中学3年生レベル)
WEEK 6

ここからは中学3年生レベルの単語です。動詞と名詞を学びましょう。中学3年生の英単語は、入試をひかえてだいぶ難しくなりますが、何度も復習してマスターしてください。

Day 36【動詞 1】
▶ 168
Day 37【動詞 2】
▶ 172
Day 38【動詞 3】
▶ 176
Day 39【動詞 4】
▶ 180
Day 40【動詞 5】
▶ 184
Day 41【名詞 1】
▶ 188
Day 42【名詞 2】
▶ 192

テーマ別英単語帳
❻ 食事・食べ物 1
▶ 196

英語でコレ言える？
Can you say this in English?
（　）に入る語が分かるかな？

▼

横山先生のことを「お母さん」って呼んじゃったんだ。
I called Ms. Yokoyama "Mom."

みんなが私を笑ったんだよ。もう学校に行けない。
Everyone (　　) at me.
I can't go to school any more.

元気出して。ハンバーガーあげるから。
Cheer up. You can have my hamburger.

▼

答えはDay 38でチェック！

Day 36

★★★
3rd GRADE＿動詞 **1**

Check 1　🎧 Listen 》CD-B09

□ 561
fly
/flái/
フライ

動 **飛ぶ、飛んでいく**

活用 flew(フルー)-flown(フロウン)

□ 562 高　❶発音注意
hold
/hóuld/
ホウッド

動 **(会など)を開く**；〜を手に持つ、〜を抱く、〜を握る

活用 held(ヘッド)-held
⊕hold onで「電話を切らないで待つ」

□ 563
hide
/háid/
ハイド

動 **〜を隠す**；隠れる

活用 hid(ヒッド)-hidden(ヒドゥン)

□ 564
return
/ritə́ːrn/
リターン

動 **戻る**；〜を返す　名 お返し　形 帰りの

□ 565
ride
/ráid/
ライド

動 **〜に乗る**　名 乗ること

活用 rode(ロウド)-ridden(リドゥン)

□ 566 高
mean
/míːn/
ミーン

動 **〜を意味する**；〜のつもりで言う；(mean to doで)〜するつもりである

活用 meant(メント)-meant
形 meaningful(意味のある)　名 meaning(意味)

□ 567
belong
/bilɔ́ːŋ/
ビローング

動 (belong to 〜で)**〜に所属する**

□ 568　❶発音注意
borrow
/bárou/
バロウ

動 **〜を借りる**(⇔lend)

to be continued
▼

ここからは中学3年生レベルの英単語をチェックするよ。動詞はいっしょに使う前置詞や副詞にも注意を払って、覚えてみよう。

☐ 聞くだけモード　Check 1
☐ しっかりモード　Check 1 ▶ 2
☐ かんぺきモード　Check 1 ▶ 2 ▶ 3

1st GRADE

WEEK 1

WEEK 2

Check 2

☐ **fly** to London（ロンドンへ飛ぶ）

Check 3

☐ I want to **fly** to the moon.（私は月に飛んでいきたい）

☐ **hold** a party（パーティーを開く）

☐ The mother **held** her baby in her arms.（母親は腕に赤ちゃんを抱いた）

2nd GRADE

WEEK 3

☐ **hide** under a bed（ベッドの下に隠れる）

☐ He **hid** the truth from everyone.（彼はみんなに真実を隠した）

WEEK 4

☐ **return** from a trip（旅行から戻る）

☐ She'll **return** the books to the library.（彼女は図書館に本を返すだろう）

WEEK 5

☐ **ride** a bus（バスに乗る）

☐ I **rode** a horse at the farm.（私は農場で馬に乗った）

3rd GRADE

WEEK 6

☐ **mean** to call you（あなたに電話するつもりである）

☐ What does this sign **mean**?（この標識はどういう意味ですか）

WEEK 7

☐ **belong** to the art club（美術部に所属する）

☐ What club do you **belong** to?（あなたは何のクラブに所属していますか）

WEEK 8

☐ **borrow** some money（金を借りる）

☐ You can **borrow** some books from the library.（図書館では本を借りることができる）

to be continued

Day 36

Check 1　Listen)) CD-B09

□ 569　❶発音注意
move
/múːv/
ムーヴ
　動 動く；〜を感動させる；引っ越す
　名 movement（運動）

□ 570
shout
/ʃáut/
シャウト
　動 叫ぶ、大声で言う、どなりつける

□ 571　❶アクセント注意
invite
/inváit/
インヴァイト
　動 〜を招く

□ 572 高
camp
/kǽmp/
キャンプ
　動 キャンプをする　名 キャンプ場

□ 573　❶発音注意
collect
/kəlékt/
カレクト
　動 〜を集める
　名 collection（収集）

□ 574
enter
/éntər/
エンター
　動 （場所）に入る；〜に入学する
　名 entrance（入り口）

□ 575
wish
/wíʃ/
ウィッシュ
　動 （wish to doで）〜することを望む；（…に）〜を祈る；（wish for 〜で）〜を願う　名 願い

□ 576　❶発音注意
notice
/nóutis/
ノウティス
　動 〜に気づく　名 はり紙、通知

Day 35)) CD-B07
Quick Review
答えは右ページ下

□ 後で　□ もしかすると　□ 〜もまた　□ そのように
□ 一度　□ ほとんど　□ まっすぐに　□ 簡単に
□ 離れて　□ 速く　□ ついに　□ たぶん
□ すぐに　□ 突然　□ 注意深く　□ しかしながら

Check 2

- ☐ **move** quickly(素早く動く)
- ☐ **shout** for help(助けを求めて叫ぶ)
- ☐ **invite** them to my house(私の家に彼らを招く)
- ☐ **camp** in a forest(森でキャンプをする)
- ☐ **collect** baseball cards(野球カードを集める)
- ☐ **enter** a room(部屋に入る)
- ☐ **wish** to be a famous chef(有名な料理人になることを望む)
- ☐ **notice** a difference(違いに気づく)

Check 3

- ☐ We were **moved** by her story.(私たちは彼女の話に感動した)
- ☐ I **shouted** to the boy swimming in the river, "Be careful!"(私は川で泳いでいる少年に「気をつけなさい！」と大声で言った)
- ☐ Thank you for **inviting** me to the party.(私をパーティーに招いてくれてありがとう)
- ☐ We go **camping** near the lake every summer.(私たちは毎年夏に、湖の近くにキャンプをしに行く)
- ☐ I **collected** money from everyone for her present.(私は彼女のプレゼントのためにみんなから金を集めた)
- ☐ My brother **entered** college.(私の兄は大学に入学した)
- ☐ I **wish** you a happy New Year.(あなたの幸せな新年をお祈りしています[よい新年をお迎えください])
- ☐ I **noticed** he was very glad.(私は彼がとても喜んでいるのに気づいた)

1st GRADE
WEEK 1
WEEK 2

2nd GRADE
WEEK 3
WEEK 4
WEEK 5

3rd GRADE
WEEK 6
WEEK 7
WEEK 8

Day 35)) CD-B07
Quick Review
答えは左ページ下

- ☐ later
- ☐ once
- ☐ away
- ☐ soon
- ☐ maybe
- ☐ almost
- ☐ quickly
- ☐ suddenly
- ☐ either
- ☐ straight
- ☐ finally
- ☐ carefully
- ☐ so
- ☐ easily
- ☐ probably
- ☐ however

Day 37

★★★
3rd GRADE＿動詞 **2**

Check 1　⦿ Listen ⟫ CD-B10

□ 577
wake
/wéik/
ウェイク

動 (wake upで)**目が覚める、起きる**；**～を起こす**

活用 woke(**ウォ**ウク)-woken(**ウォ**ウクン)

□ 578
order
/ɔ́ːrdər/
オーダー

動 **～を注文する**；**～するよう命じる**；**注文する**　名 **順番**；**注文**；**命令**

□ 579　❶アクセント注意
exchange
/ikstʃéindʒ/
エクス**チェ**インヂ

動 **～を交換する**；**～をやりとりする**　名 **交換**

□ 580　❶アクセント注意
introduce
/ìntrədjúːs/
インチュラ**デュ**ース

動 **～を紹介する**、(introduce ～ to ...で)**…に～を紹介する**；**～を導入する**

□ 581
pay
/péi/
ペイ

動 **～を支払う**、(pay for ～で)**～の支払いをする**；(注意)**を払う**

活用 paid(ペイド)-paid

□ 582
rise
/ráiz/
ライズ

動 (太陽や月などが)**昇る、上がる**；**立ち上がる**
名 **上昇**；**増加**

活用 rose(**ロ**ウズ)-risen(**リ**ズン)
⊕ 「～を上げる」はraise

□ 583
share
/ʃéər/
シェアー

動 **～を共有する**；(share ～ with ...で)**…と～を共有する、～を分け合う**

□ 584
protect
/prətékt/
プラ**テ**クト

動 **～を保護する**、(protect ～ from ...で)**…から～を守る**

to be continued
▼

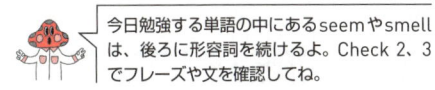

今日勉強する単語の中にあるseemやsmellは、後ろに形容詞を続けるよ。Check 2、3 でフレーズや文を確認してね。

- ☐ 聞くだけモード　Check 1
- ☐ しっかりモード　Check 1 ▸ 2
- ☐ かんぺきモード　Check 1 ▸ 2 ▸ 3

Check 2

☐ **wake** up early in the morning(朝早く目が覚める)

☐ **order** a hamburger(ハンバーガーを注文する)

☐ **exchange** e-mails(Eメールをやりとりする)

☐ **introduce** my sister to him(彼に私の妹を紹介する)

☐ **pay** $100 for jeans(ジーンズに100ドルを支払う)

☐ **rise** from a chair(いすから立ち上がる)

☐ **share** a meal(食事を分け合う)

☐ **protect** children from hunger(うえから子どもたちを守る)

Check 3

☐ Will you **wake** me up at 6 o'clock?(6時に私を起こしてくれますか)

☐ Can I **order**?(注文してもいいですか)

☐ I'd like to **exchange** yen for dollars.(私は円をドルに交換したいのですが)

☐ He **introduced** me to his friend.(彼は友達に私を紹介した)

☐ He **paid** a lot of money for his watch.(彼は時計に大金を支払った)

☐ The sun **rises** in the east.(太陽は東から昇る)

☐ She **shares** a house with her friend.(彼女は友達と家を共有している)

☐ We should **protect** the forest.(私たちは森を保護するべきだ)

1st GRADE
WEEK 1
WEEK 2

2nd GRADE
WEEK 3
WEEK 4
WEEK 5

3rd GRADE
WEEK 6
WEEK 7
WEEK 8

to be continued
▼

Day 37

Check 1 Listen CD-B10

□ 585
solve
/sálv/
サゥヴ

動 ～を解く；～を解決する

□ 586 高 ❶発音注意
lose
/lú:z/
ルーズ

動 ～を失う；(試合など)に負ける(⇔win)；(道)に迷う 名損失
活用 lost(ロースト)-lost
➕ lose one's wayで「道に迷う」

□ 587 高 ❶発音注意
receive
/risí:v/
リスィーヴ

動 ～を受け取る

□ 588 高
prepare
/pripéər/
プリペアー

動 ～を用意する；準備をする

□ 589
kill
/kíl/
キゥ

動 ～を殺す

➕ be killedで「(事故・戦争などで)死ぬ」

□ 590
seem
/sí:m/
スィーム

動 (～のように)見える、(seem to doで)～するように思われる

□ 591
smell
/smél/
スメゥ

動 (～な)においがする；～のにおいをかぐ

□ 592 ❶アクセント注意
continue
/kəntínju:/
カンティニュー

動 ～を続ける、(continue to do/continue -ingで)～し続ける

Day 36))CD-B09
Quick Review
答えは右ページ下

- □ 飛ぶ
- □ ～を開く
- □ ～を隠す
- □ 戻る
- □ ～に乗る
- □ ～を意味する
- □ 所属する
- □ ～を借りる
- □ 動く
- □ 叫ぶ
- □ ～を招く
- □ キャンプをする
- □ ～を集める
- □ ～に入る
- □ ～を望む
- □ ～に気づく

Check 2	Check 3	
☐ **solve** a mystery(謎を解く)	☐ They are trying to **solve** the energy problem.(彼らはエネルギー問題を解決しようとしている)	1st GRADE / WEEK 1
☐ **lose** an umbrella(かさをなくす)	☐ His team **lost** the game yesterday.(彼のチームは昨日、試合に負けた)	WEEK 2
☐ **receive** a letter from her(彼女から手紙を受け取る)	☐ She **received** the good news.(彼女はよい知らせを受け取った)	2nd GRADE
☐ **prepare** a meal(食事を用意する)	☐ I helped to **prepare** for the party.(私はパーティーの準備をするのを手伝った)	WEEK 3 / WEEK 4
☐ **kill** a monster(怪物を殺す)	☐ My grandfather was **killed** in the war.(私の祖父は戦争で死んだ)	WEEK 5
☐ **seem** strange(奇妙に見える)	☐ He **seemed** to be tired.(彼は疲れているように見えた)	3rd GRADE
☐ **smell** like a rose(バラのようなにおいがする)	☐ This food **smells** good.(この食べ物はおいしそうなにおいがする)	WEEK 6
☐ **continue** to study(勉強し続ける)	☐ We **continued** to talk for an hour.(私たちは1時間話し続けた)	WEEK 7 / WEEK 8

Day 36))) CD-B09
Quick Review
答えは左ページ下

☐ fly ☐ ride ☐ move ☐ collect
☐ hold ☐ mean ☐ shout ☐ enter
☐ hide ☐ belong ☐ invite ☐ wish
☐ return ☐ borrow ☐ camp ☐ notice

Day 38

★★★
3rd GRADE＿動詞 3

Check 1　🎧Listen))) CD-B11

□ 593
set
/sét/
セット

動 **～を置く**；(太陽や月が)**沈む**　名 **セット；1組**

活用 set-set

□ 594　❶発音注意
hurt
/hə́ːrt/
ハート

動 **～を傷つける**(≒injure)、**～にけがをさせる**；(体が)**痛む**

活用 hurt-hurt

□ 595
cover
/kʌ́vər/
カヴァー

動 **～をおおう**

➕ be covered with ～で「～でおおわれている」

□ 596
repeat
/ripíːt/
リピート

動 **～をくり返す**；**～をくり返し言う**

□ 597
shine
/ʃáin/
シャイン

動 **輝く**；**～をみがく**

活用 shone(ショウン)-shone
形 shining(光る、明るい)

□ 598
cheer
/tʃíər/
チアー

動 (cheer ～ upで)**～を元気づける**；(cheer for ～で)**～を応援する**

形 cheerful(快活な)

□ 599 高
wonder
/wʌ́ndər/
ワンダー

動 **不思議に思う**；(I wonder if ～で)**～かなと思う**　名 **驚き**

□ 600　❶アクセント注意
discover
/diskʌ́vər/
ディスカヴァー

動 **～を発見する**

to be continued
▼

動詞の後ろには、-ing形、to doの形やthat節が来ることもあるんだよ。動詞の後ろに注意してCheck 2、3を見てみよう。

□ 聞くだけモード　Check 1
□ しっかりモード　Check 1 ▸ 2
□ かんぺきモード　Check 1 ▸ 2 ▸ 3

1st GRADE

WEEK 1

Check 2

□ **set** a candle on a table(テーブルにろうそくを置く)

Check 3

□ The sun **sets** in the west.(太陽は西に沈む)

WEEK 2

□ **hurt** my leg(足をけがする)

□ His words **hurt** me.(彼の言葉は私を傷つけた)

2nd GRADE

WEEK 3

□ be **covered** with snow(雪でおおわれている)

□ The fallen leaves **covered** the ground.(落ち葉が地面をおおっていた)

WEEK 4

□ **repeat** my words(私の言葉をくり返し言う)

□ Will you **repeat** it?(それをくり返してくれますか)

WEEK 5

□ **shine** my shoes(私のくつをみがく)

□ A lot of stars were **shining** bright in the sky.(空にはたくさんの星が明るく輝いていた)

3rd GRADE

WEEK 6

□ **cheer** her up(彼女を元気づける)

□ We **cheered** for the baseball team.(私たちはその野球チームを応援した)

WEEK 7

□ **wonder** at the news(その知らせを不思議に思う)

□ I **wonder** if it'll rain tomorrow.(明日は雨が降るかなと思う)

WEEK 8

□ **discover** a new way(新しい方法を発見する)

□ He **discovered** a virus.(彼はウイルスを発見した)

to be continued
▼

Day 38

Check 1 🎧 Listen)) CD-B11

□ 601 高
add
/æd/
アド
動 ~を加える、~をつけ足す；(数字)を合計する
名 addition(つけ足すこと)

□ 602 ❶発音注意
fail
/féil/
フェイゥ
動 失敗する；(fail to doで)~しない；(試験に)落ちる

□ 603
suffer
/sʌ́fər/
サファー
動 (suffer from ~で)~で苦しむ；(損害)を受ける

□ 604
realize
/ríːəlàiz/
リーアライズ
動 ~をさとる、~がよく分かる；~を実現する
形 real(本当の)

□ 605 ❶発音注意
laugh
/lǽf/
ラフ
動 (声を出して)笑う、(laugh at ~で)~を笑う

□ 606 高
imagine
/imǽdʒin/
イマァヂン
動 ~を想像する
名 image(イメージ)

□ 607 ❶アクセント注意
increase
/inkríːs/
インクリース
動 増える 名 増加

□ 608 ❶アクセント注意
respect
/rispékt/
リスペクト
動 ~を尊敬する 名 尊敬

Day 37)) CD-B10
Quick Review
答えは右ページ下

- □ 目が覚める
- □ ~を注文する
- □ ~を交換する
- □ ~を紹介する
- □ ~を支払う
- □ 昇る
- □ ~を共有する
- □ ~を保護する
- □ ~を解く
- □ ~を失う
- □ ~を受け取る
- □ ~を用意する
- □ ~を殺す
- □ 見える
- □ においがする
- □ ~を続ける

Check 2	Check 3	
☐ **add** salt to soup(スープに塩を加える)	☐ I have nothing to **add**.(つけ足すことは何もない)	1st GRADE
		WEEK 1
☐ **fail** in business(事業に失敗する)	☐ He **failed** to keep his promise.(彼は約束を守らなかった)	WEEK 2
☐ **suffer** from a cold(かぜで苦しむ[かぜをひいている])	☐ People there **suffered** from hunger.(そこでの人々はうえに苦しんだ)	2nd GRADE
☐ **realize** my mistake(私の間違いをさとる)	☐ He **realized** that real action was necessary.(彼は実際の行動が必要だとよく分かった)	WEEK 3
		WEEK 4
☐ **laugh** at me(私を笑う)	☐ What are you **laughing** at?(何を笑っているのですか)	WEEK 5
☐ **imagine** a future(将来を想像する)	☐ Can you **imagine** him dancing?(あなたは彼がダンスしているところを想像できますか)	3rd GRADE
☐ **increase** in number(数が増える)	☐ The number of old people has **increased**.(高齢者の数が増えた)	**WEEK 6**
☐ **respect** my parents(両親を尊敬する)	☐ I **respect** him for his courage.(私は彼の勇気に対して、彼を尊敬している)	WEEK 7
		WEEK 8

Day 37 》CD-B10
Quick Review
答えは左ページ下

☐ wake   ☐ pay   ☐ solve   ☐ kill
☐ order   ☐ rise   ☐ lose   ☐ seem
☐ exchange ☐ share ☐ receive ☐ smell
☐ introduce ☐ protect ☐ prepare ☐ continue

Day 39

★★★
3rd GRADE＿動詞 **4**

Check 1　🔊 Listen 》CD-B12

□ 609
let
/lét/
レット

動 (let ~ doで)〜に…させる
活用 let-let
❶Let me see.で「ええと」；Let's 〜で「〜しましょう」

□ 610
lend
/lénd/
レンド

動 (…に)〜を貸す(⇔borrow)
活用 lent(レント)-lent

□ 611
pull
/púl/
プゥ

動 〜を引く(⇔push)；〜を引き抜く
❶pull upで「(車を)止める」

□ 612
burn
/bə́ːrn/
バーン

動 燃える；〜を燃やす 名 やけど
活用 burned(バーンド)/burnt(バーント)-burned/burnt

□ 613
marry
/mǽri/
マァリ

動 〜と結婚する、(get marriedで)結婚する

□ 614
shake
/ʃéik/
シェイク

動 〜を振る
活用 shook(シュック)-shaken(シェイクン)
❶shake hands with 〜で「〜と握手する」；shake one's headで「首を横に振る」

□ 615
injure
/índʒər/
インヂャー

動 〜を傷つける、〜をけがさせる(≒hurt)
名 injury(けが)

□ 616　❶アクセント注意
complain
/kəmpléin/
カンプレイン

動 不平を言う

to be continued
▼

不規則動詞は **活用** マークの部分に過去形、過去分詞形が載ってるよ。ここも見逃さないようにね。

- ☐ 聞くだけモード　Check 1
- ☐ しっかりモード　Check 1 ▶ 2
- ☐ かんぺきモード　Check 1 ▶ 2 ▶ 3

1st GRADE

Check 2

☐ **let** me know（私に知らせる）

☐ **lend** some money（金を貸す）

☐ **pull** a tooth（歯を抜く）

☐ **burn** a letter（手紙を燃やす）

☐ **marry** him（彼と結婚する）

☐ **shake** my head（首を[横に]振る）

☐ **injure** my arm（腕をけがする）

☐ **complain** about everything（あらゆることに不平を言う）

Check 3

☐ **Let's** go to the library together.（いっしょに図書館に行きましょう）

☐ Can you **lend** me your bike?（私にあなたの自転車を貸してくれますか）

☐ He **pulled** a ticket from his pocket.（彼はポケットから切符を引っ張り出した）

☐ It smells like something is **burning**.（何かが燃えているようなにおいがする）

☐ Ben will get **married** this year.（ベンは今年、結婚する）

☐ We **shook** hands with each other.（私たちは互いに握手をした）

☐ Five people were **injured** in the accident.（5人が事故でけがをした）

☐ He **complained** that he was very busy.（彼はとても忙しいと不平を言った）

WEEK 1
WEEK 2

2nd GRADE

WEEK 3
WEEK 4
WEEK 5

3rd GRADE

WEEK 6
WEEK 7
WEEK 8

to be continued ▼

Day 39

Check 1 Listen ◎ CD-B12

□ 617 fill /fíl/ フィゥ
動 ～を満たす、(fill ~ with ...で)～を…でいっぱいにする
＋be filled with ～で「～でいっぱいになる」; fill in ～で「～を用紙に書き込む」

□ 618 ❶発音注意 lie /lái/ ライ
動 横たわる；置かれている 名 うそ
活用 lay(レイ)-lain(レイン)
＋-ing形はlying；lie downで「横になる」;「～を横たえる」はlay

□ 619 ❶発音注意 raise /réiz/ レイズ
動 ～を上げる；～を育てる
＋「上がる」はrise

□ 620 ❶アクセント注意 develop /divéləp/ ディヴェラプ
動 (能力・産業など)を発達させる；(資源など)を開発する；発展する
＋developing countryで「発展途上国」

□ 621 lead /líːd/ リード
動 ～を導く；(道が)通じている 名 手本、見本
活用 led(レッド)-led
名 leader(指導者)
＋lead to ～で「～につながる、～を引き起こす」

□ 622 ❶発音注意 cause /kɔ́ːz/ コーズ
動 ～の原因となる、～を引き起こす 名 原因

□ 623 高 ❶発音注意 shock /ʃák/ シャック
動 ～に衝撃を与える；(be shocked to doで)～にショックを受ける 名 衝撃；ショック
＋be in shockで「ショックを受けている」

□ 624 高 record /rikɔ́ːrd/ リコード
動 ～を記録する；～を録音する 名 (/rékərd/レカード) 記録；レコード

Day 38))) CD-B11 Quick Review 答えは右ページ下
- □ ～を置く
- □ ～を傷つける
- □ ～をおおう
- □ ～をくり返す
- □ 輝く
- □ ～を元気づける
- □ 不思議に思う
- □ ～を発見する
- □ ～を加える
- □ 失敗する
- □ 苦しむ
- □ ～をさとる
- □ 笑う
- □ ～を想像する
- □ 増える
- □ ～を尊敬する

Check 2

- **fill** the cup with hot water（カップを湯でいっぱいにする）
- **lie** on a sofa（ソファに横たわる）
- **raise** my hand（手をあげる）
- **develop** my muscles（筋肉を発達させる）
- **lead** people（人々を導く）
- **cause** global warming（地球温暖化の原因となる）
- The news **shocked** him.（そのニュースは彼に衝撃を与えた）
- **record** daily life（日常生活を記録する）

Check 3

- I was **filled** with fear.（私は恐怖でいっぱいになった）
- I would like to **lie** down.（私は横になりたい）
- She **raised** three children by herself.（彼女は独力で3人の子どもを育てた）
- This type of art **developed** in the 18th century.（このタイプの芸術は18世紀に発展した）
- All roads **lead** to Rome.（すべての道はローマに通ず［ことわざ］）
- His careless driving **caused** the accident.（彼の不注意な運転が事故の原因となった）
- I was **shocked** to hear it.（私はそれを聞いてショックを受けた）
- You should **record** everything you see during the trip.（あなたは旅行中に見るものすべてを記録するべきだ）

1st GRADE / WEEK 1 / WEEK 2
2nd GRADE / WEEK 3 / WEEK 4 / WEEK 5
3rd GRADE / WEEK 6 / WEEK 7 / WEEK 8

Day 38 》CD-B11
Quick Review
答えは左ページ下

- [ ] set
- [ ] hurt
- [ ] cover
- [ ] repeat
- [ ] shine
- [ ] cheer
- [ ] wonder
- [ ] discover
- [ ] add
- [ ] fail
- [ ] suffer
- [ ] realize
- [ ] laugh
- [ ] imagine
- [ ] increase
- [ ] respect

Day 40

★★★ 3rd GRADE＿動詞 **5**

Check 1　🔊 Listen 》CD-B13

□ 625
fix
/fíks/
フィクス

動 ～を修理する；～を固定する；～を確定する

□ 626　❶発音注意
fight
/fáit/
ファイト

動 戦う、(fight against[with] ～で)～と戦闘する；格闘する；口論する　名 戦い
活用 fought(フォウト)-fought
⊕ have fightsで「戦う」

□ 627　❶アクセント注意
examine
/igzǽmin/
イグザミン

動 ～を検査する、～を調べる；～を診察する；試験をする
名 examination(＝exam)(検査；試験)

□ 628 高　❶アクセント注意
improve
/imprúːv/
インプルーヴ

動 ～を改良する、～を改善する；～を上達させる
名 improvement(改良、改善)

□ 629　❶アクセント注意
perform
/pərfɔ́ːrm/
パフォーム

動 ～を演じる、～を上演する、～を演奏する；～を成し遂げる
名 performance(演技；演奏；公演)　名 performer(上演者)

□ 630　❶アクセント注意
produce
/prədjúːs/
プロドゥース

動 ～を生産する；～を生み出す；～を産出する
名 product(製品、製造物)

□ 631
recycle
/riːsáikl/
リーサイクル

動 ～を再生利用する(≒reuse)
名 recycling(リサイクル)

□ 632
reduce
/ridjúːs/
リドゥース

動 ～を減らす、～を減少させる；減る

to be continued
▼

動詞もいよいよ今日で終了。このレベルの単語は難しいかもしれないけれど、1つずつ確実にマスターしていこう。

☐ 聞くだけモード　Check 1
☐ しっかりモード　Check 1 ▶ 2
☐ かんぺきモード　Check 1 ▶ 2 ▶ 3

1st GRADE

Check 2

☐ **fix** a handle on the wall（壁に取っ手を固定する）

☐ **fight** with a foreign wrestler（外国人レスラーと格闘する）

☐ **examine** sick people（病気の人々を診察する）

☐ **improve** a bike（自転車を改良する）

☐ **perform** music（音楽を演奏する）

☐ **produce** oil（石油を産出する）

☐ **recycle** cans（缶を再生利用する）

☐ ways to **reduce** garbage（ごみを減らす方法）

Check 3

☐ My father **fixed** my bike.（私の父は私の自転車を修理した）

☐ You should **fight** those feelings.（あなたはそれらの感情と戦うべきだ）

☐ We **examine** imported food.（私たちは輸入食品を検査する）

☐ She tried hard to **improve** her health.（彼女は健康状態を改善するために懸命に努力した）

☐ They enjoyed **performing** the play.（彼らはその劇を演じて楽しんだ）

☐ A lot of rice is **produced** in India.（インドではたくさんの米が生産される）

☐ How do you **recycle** these old pieces of paper?（これらの古紙をどのように再生利用するのですか）

☐ Try to **reduce** mistakes.（間違いを減らすよう努力しなさい）

WEEK 1
WEEK 2

2nd GRADE

WEEK 3
WEEK 4
WEEK 5

3rd GRADE

WEEK 6
WEEK 7
WEEK 8

to be continued

Day 40

Check 1 ♪Listen))CD-B13

□ 633
reuse
/ríːjúːz/
リーユーズ
> 動 **〜を再使用する、〜を再利用する**（≒ recycle）　名 再利用、再使用

□ 634
serve
/sə́ːrv/
サーヴ
> 動 **〜に給仕する、**(食事)**を出す；〜に仕える**
> 名 service (給仕)

□ 635 高
remind
/rimáind/
リマインド
> 動 (remind 〜 of ...で)**〜に...を思い出させる、**(remind 〜 to doで)**〜に...することを思い出させる**

□ 636
support
/səpɔ́ːrt/
サポート
> 動 **〜を支える；〜を援助する；〜を支持する**　名 支え；支持；援助

□ 637 高
trust
/trʌ́st/
トラスト
> 動 **〜を信頼する、〜を信用する；〜を確信する**　名 信頼；期待

□ 638
check
/tʃék/
チェック
> 動 **〜を調べる、〜をチェックする；〜を確認する**　名 点検、調査

□ 639 高　❶アクセント注意
announce
/ənáuns/
アナウンス
> 動 **〜を発表する、〜を知らせる**

□ 640　❶アクセント注意
communicate
/kəmjúːnəkèit/
コミュニケイト
> 動 **〜を伝達する；**(communicate with 〜で)**〜と連絡を取る、〜と気持ちが通じ合う**
> 名 communication (コミュニケーション；伝達)

Day 39))CD-B12
Quick Review
答えは右ページ下

- □ 〜に...させる
- □ 〜を貸す
- □ 〜を引く
- □ 燃える
- □ 〜と結婚する
- □ 〜を振る
- □ 〜を傷つける
- □ 不平を言う
- □ 〜を満たす
- □ 横たわる
- □ 〜を上げる
- □ 〜を発達させる
- □ 〜を導く
- □ 〜の原因となる
- □ 〜に衝撃を与える
- □ 〜を記録する

Check 2	Check 3	
☐ **reuse** bottles(びんを再使用する)	☐ Let's **reuse** these bags.(これらの袋を再使用しましょう)	**1st GRADE** / WEEK 1
☐ **serve** a meal(食事を出す)	☐ I once **served** a famous singer at the restaurant.(私は以前、そのレストランで有名な歌手に給仕した)	WEEK 2
☐ **remind** him to buy some lemons(彼にレモンを買うことを思い出させる)	☐ This picture **reminds** me of my hometown.(この写真は私に故郷を思い出させる)	**2nd GRADE**
☐ **support** the poor children(貧しい子どもたちを援助する)	☐ My family always **supported** me.(家族がいつも私を支えてくれた)	WEEK 3
☐ **trust** my parents(私の両親を信頼する)	☐ I **trust** he will come to help us.(私は彼が私たちを助けに来てくれると確信する)	WEEK 4 / WEEK 5
☐ **check** carefully(注意深くチェックする)	☐ The police officer **checked** my bag.(その警察官は私のかばんを調べた)	**3rd GRADE**
☐ **announce** that the bus will leave soon(バスが間もなく出ることを知らせる)	☐ The police **announced** the cause of the accident.(警察はその事故の原因を発表した)	**WEEK 6**
☐ **communicate** with each other(互いに連絡を取り合う)	☐ I had to **communicate** the bad news to my parents.(私は両親にその悪い知らせを伝えなければならなかった)	WEEK 7 / WEEK 8

Day 39))) CD-B12
Quick Review
答えは左ページ下

☐ let ☐ marry ☐ fill ☐ lead
☐ lend ☐ shake ☐ lie ☐ cause
☐ pull ☐ injure ☐ raise ☐ shock
☐ burn ☐ complain ☐ develop ☐ record

Day 41

3rd GRADE__名詞 **1**

Check 1 Listen CD-B14

□ 641 ❶発音注意
road
/róud/
ロウド

名 **道路**、道

□ 642
lesson
/lésn/
レッスン

名 **レッスン**、授業

□ 643 高
care
/kέər/
ケアー

名 **注意**；世話 動 ～を心配する

➕ take care of ～で「～の世話をする」；Take care. で「お元気で。お大事に」

□ 644 高 ❶発音注意
view
/vjúː/
ヴュー

名 **ながめ**、景色；見方

➕ point of viewで「観点、見解」

□ 645 高 ❶発音注意
rock
/rák/
ラック

名 **ロック**（音楽）；岩

□ 646 ❶発音注意
energy
/énərdʒi/
エナヂィ

名 **エネルギー**；活力、元気

□ 647 ❶発音注意
building
/bíldiŋ/
ビゥディング

名 **建物**、ビル

動 build（～を建てる）

□ 648 高
problem
/prábləm/
プラブレム

名 **問題**；障害

➕ No problem.で「問題ありません」

to be continued
▼

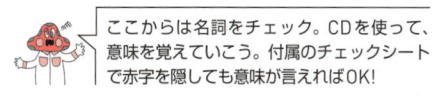

ここからは名詞をチェック。CDを使って、意味を覚えていこう。付属のチェックシートで赤字を隠しても意味が言えればOK!

- ☐ 聞くだけモード　Check 1
- ☐ しっかりモード　Check 1 ▶ 2
- ☐ かんぺきモード　Check 1 ▶ 2 ▶ 3

Check 2

☐ the **road** to Chicago(シカゴへ行く道路)

☐ an English **lesson**(英語の授業)

☐ take **care** of my brother(私の弟の世話をする)

☐ a park with a good **view**(よいながめの公園)

☐ play **rock**(ロックを演奏する)

☐ the **energy** of the sun(太陽エネルギー)

☐ the largest **building** in Japan(日本で最も大きな建物)

☐ a big **problem**(大問題)

Check 3

☐ There were trees along the **road**.(道沿いに木があった)

☐ She takes a piano **lesson** every week.(彼女は毎週ピアノのレッスンを受けている)

☐ She drove the car with **care**.(彼女は注意して車を運転した)

☐ I enjoyed the **view**.(私は景色を楽しんだ)

☐ I usually listen to **rock**.(私はたいていロックを聞く)

☐ She is always full of **energy**.(彼女はいつも元気いっぱいだ)

☐ The hospital was a tall **building**.(病院は高い建物だった)

☐ He had a lot of **problems**.(彼にはたくさんの問題があった)

to be continued ▼

Day 41

Check 1 🔊 Listen))) CD-B14

□ 649 高 ❶発音注意
office
/ɔ́:fis/
オーフィス

名 職場；事務所；役所

□ 650 高
half
/hǽf/
ハァフ

名 半分 形 半分の

➕ half an hourで「30分」；the first halfで「前半」

□ 651
field
/fí:ld/
フィーゥド

名 野原；畑；分野

➕ field tripで「校外学習」

□ 652
speech
/spí:tʃ/
スピーチ

名 スピーチ、演説
動 speak（〜を話す）
名 speaker（話す人）
➕ make a speechで「スピーチをする」

□ 653 ❶発音注意
goal
/góul/
ゴウゥ

名 目標；ゴール（得点を決めること）

□ 654
nurse
/nə́:rs/
ナース

名 看護師   動 （病人を）看護する

□ 655
page
/péidʒ/
ペイヂ

名 （本の）ページ

□ 656
gate
/géit/
ゲイト

名 門

➕ boarding gateで「搭乗口」

Day 40))) CD-B13
Quick Review
答えは右ページ下

- □ 〜を修理する
- □ 戦う
- □ 〜を検査する
- □ 〜を改良する
- □ 〜を演じる
- □ 〜を生産する
- □ 〜を再生利用する
- □ 〜を減らす
- □ 〜を再使用する
- □ 〜に給仕する
- □ 〜に思い出させる
- □ 〜を支える
- □ 〜を信頼する
- □ 〜を調べる
- □ 〜を発表する
- □ 〜を伝達する

Check 2	Check 3	
☐ work in an **office**(職場で働く)	☐ My father is at the **office** now.(私の父は今、職場にいる)	1st GRADE
		WEEK 1
☐ **half** of a cake(ケーキの半分)	☐ She cut the bread in **half**.(彼女はパンを半分に切った)	WEEK 2
☐ a corn **field**(トウモロコシ畑)	☐ Children played in the **field**.(子どもたちは野原で遊んだ)	2nd GRADE
☐ listen to a **speech**(スピーチを聞く)	☐ I made a **speech** to everyone.(私はみんなに向けてスピーチをした)	WEEK 3
		WEEK 4
☐ my **goal** in life(私の人生の目標)	☐ I got two **goals** in the game.(私は試合でゴールを2つ決めた)	WEEK 5
☐ a kind **nurse**(優しい看護師)	☐ She became a **nurse**.(彼女は看護師になった)	3rd GRADE
☐ turn a **page**(ページをめくる)	☐ Look at the picture on **page** 5.(5ページにある写真を見なさい)	WEEK 6
		WEEK 7
☐ open a **gate**(門を開ける)	☐ We waited for her at the school **gate**.(私たちは校門で彼女を待った)	WEEK 8

Day 40))) CD-B13
Quick Review
答えは左ページ下

☐ fix
☐ fight
☐ examine
☐ improve
☐ perform
☐ produce
☐ recycle
☐ reduce
☐ reuse
☐ serve
☐ remind
☐ support
☐ trust
☐ check
☐ announce
☐ communicate

Day 42

★★★
3rd GRADE＿名詞 2

Check 1　Listen 》CD-B15

□ 657
wind
/wínd/
ウィンド

名 風

形 windy（風の強い）
+ wind power で「風力」

□ 658　❶発音注意
ground
/gráund/
グラウンド

名 地面；運動場、グラウンド

□ 659　❶発音注意
bridge
/brídʒ/
ブリッヂ

名 橋

□ 660
center
/séntər/
センター

名 中心

□ 661
land
/lǽnd/
ラァンド

名 土地、陸地　動 着陸する

□ 662
forest
/fɔ́:rist/
フォーリスト

名 森

□ 663 高
traffic
/trǽfik/
チュラァフィック

名 交通

+ traffic light で「交通信号」

□ 664
scientist
/sáiəntist/
サイエンティスト

名 科学者

名 science（科学）

to be continued
▼

名詞の中には、いろいろな意味があるものもあるんだよ。余裕があれば、2番目の意味も覚えよう。

☐ 聞くだけモード　Check 1
☐ しっかりモード　Check 1 ▶ 2
☐ かんぺきモード　Check 1 ▶ 2 ▶ 3

1st GRADE

Check 2

☐ a warm **wind**（暖かい風）

☐ the cold **ground**（冷たい地面）

☐ walk across a **bridge**（橋を歩いて渡る）

☐ in the **center** of the city（市の中心に）

☐ private **land**（私有地）

☐ be lost in a **forest**（森で迷う）

☐ heavy **traffic**（交通混雑）

☐ become a **scientist**（科学者になる）

Check 3

☐ The **wind** was so strong that it broke my umbrella.（風がとても強かったので、私のかさはこわれた）

☐ We played soccer on the school **ground**.（私たちは学校のグラウンドでサッカーをした）

☐ They built a **bridge** over the river.（彼らは川の上に橋を作った）

☐ There was a big tree in the **center** of the park.（公園の中心には大きな木があった）

☐ He sold some of his **land**.（彼は自分の土地をいくらか売った）

☐ I'm against cutting down **forests**.（私は森をばっさいするのに反対だ）

☐ He had a **traffic** accident last year.（昨年、彼は交通事故にあった）

☐ The **scientist** won the Nobel Prize.（その科学者はノーベル賞を受賞した）

WEEK 1
WEEK 2
2nd GRADE
WEEK 3
WEEK 4
WEEK 5
3rd GRADE
WEEK 6
WEEK 7
WEEK 8

to be continued ▼

Day 42

Check 1　Listen CD-B15

665 ●発音注意
age /éidʒ/ エイヂ
名 年齢
⊕at the age of 〜で「〜歳の時に」; under the age of 〜で「〜歳未満」

666
line /láin/ ライン
名 線；(鉄道の)路線

667
part /pá:rt/ パート
名 部分、(a part of 〜で)〜の一部；役割
⊕take part in 〜で「〜に参加する」

668
report /ripɔ́:rt/ リポート
名 報告書、リポート
名 reporter(リポーター)

669 ●発音注意
war /wɔ́:r/ ウォー
名 戦争
⊕at warで「戦争中で」

670 ●発音注意
castle /kǽsl/ キャスゥ
名 城

671
nature /néitʃər/ ネイチャー
名 自然
形 natural(自然の)

672 ●アクセント注意
interview /íntərvjù:/ インタヴュー
名 インタビュー、会談；面接　動 会談する
名 interviewer(インタビューする人)

Day 41 CD-B14 Quick Review 答えは右ページ下
- □ 道路
- □ レッスン
- □ 注意
- □ ながめ
- □ ロック
- □ エネルギー
- □ 建物
- □ 問題
- □ 職場
- □ 半分
- □ 野原
- □ スピーチ
- □ 目標
- □ 看護師
- □ ページ
- □ 門

Check 2

- [ ] looks old for his **age**（彼の年齢のわりに年を取って見える）
- [ ] draw a **line**（線を引く）
- [ ] a large **part** of the city（都市の大部分）
- [ ] write a **report**（報告書を書く）
- [ ] World **War** II（第2次世界大戦）
- [ ] an old **castle**（古い城）
- [ ] enjoy **nature**（自然を楽しむ）
- [ ] a job **interview**（仕事の面接）

Check 3

- [ ] I moved here at the **age** of 12.（私は12歳の時に、ここに引っ越してきた）
- [ ] Take the Chuo **line** from Tokyo Station.（東京駅から中央線に乗りなさい）
- [ ] He wrote the biggest **part** of the book.（彼はその本の最も大きな部分を書いた）
- [ ] I have to finish the **report** by Monday.（私は月曜日までにリポートを仕上げなければならない）
- [ ] The **war** is over.（戦争は終わりだ）
- [ ] The king built the **castle**.（王はその城を築いた）
- [ ] We enjoyed the beauty of **nature**.（私たちは自然の美を楽しんだ）
- [ ] He did an **interview** with a writer who lives in this town.（彼はこの町に住む作家にインタビューした）

1st GRADE
WEEK 1
WEEK 2
2nd GRADE
WEEK 3
WEEK 4
WEEK 5
3rd GRADE
WEEK 6
WEEK 7
WEEK 8

Day 41))) CD-B14
Quick Review
答えは左ページ下

- [ ] road
- [ ] lesson
- [ ] care
- [ ] view
- [ ] rock
- [ ] energy
- [ ] building
- [ ] problem
- [ ] office
- [ ] half
- [ ] field
- [ ] speech
- [ ] goal
- [ ] nurse
- [ ] page
- [ ] gate

まとめて覚えよう!
テーマ別英単語帳

このコーナーでは、テーマ別に学習した方が覚えやすい・使いやすい単語をまとめて紹介します。

❻ 食事・食べ物 1

🎧 Listen)) CD-B16

英単語	発音	品詞	意味
breakfast	[brékfəst] ブレックファスト	名	朝食
lunch	[lʌ́ntʃ] ランチ	名	昼食
dinner	[dínər] ディナー	名	夕食
food	[fúːd] フード	名	食べ物
meal	[míːl] ミーゥ	名	食事
fruit	[frúːt] フルート	名	果物
vegetable	[védʒətəbl] ヴェヂタボゥ	名	野菜
rice	[ráis] ライス	名	米、ご飯
bread	[bréd] ブレッド	名	パン
water	[wɔ́ːtər] ウォーター	名	水
ice	[áis] アイス	名	氷
coffee	[kɔ́ːfi] カーフィ	名	コーヒー
tea	[tíː] ティー	名	紅茶
milk	[mílk] ミゥク	名	牛乳
toast	[tóust] トウスト	名	トースト
hamburger	[hǽmbəːrgər] ハァンバーガー	名	ハンバーガー
sandwich	[sǽndwitʃ] サァンドウィッチ	名	サンドイッチ
pizza	[píːtsə] ピーツァ	名	ピザ

I'll make you some coffee.
(コーヒーを入れてあげましょう)

3rd GRADE (中学3年生レベル)
WEEK 7

今週は中学3年生レベルの名詞をたっぷり学びます。学校で学んでいない単語もあるかもしれませんが、高校入試ではたくさんの名詞が登場します。あともう少し、がんばりましょう。

Day 43【名詞 3】
▶ 198
Day 44【名詞 4】
▶ 202
Day 45【名詞 5】
▶ 206
Day 46【名詞 6】
▶ 210
Day 47【名詞 7】
▶ 214
Day 48【名詞 8】
▶ 218
Day 49【名詞 9】
▶ 222

テーマ別英単語帳
❼ 食事・食べ物 2
▶ 226

英語でコレ言える？
Can you say this in English?
(　　) に入る語が分かるかな？

▼

アドバイスをくれる？
Can you give me some advice?

もちろん。どうしたの？
Sure. What's the matter?

飛行機の便でどちらの服を着たらいいかなと思って。
I'm wondering which clothes I should wear for the (　　).

▼

答えはDay 43でチェック！

Day 43

3rd GRADE＿名詞 3

Check 1　Listen CD-B17

□ 673
luck
/lʌ́k/
ラック

名 運；幸運

形 lucky（幸運な）

□ 674　❶発音注意
shrine
/ʃráin/
シュライン

名 神社

□ 675 高
concert
/kɑ́nsəːrt/
カンサート

名 コンサート

□ 676　❶アクセント注意
musician
/mjuːzíʃən/
ミューズィシャン

名 音楽家

名 music（音楽）

□ 677 高　❶発音注意
host
/hóust/
ホウスト

名 （客を接待する）**主人、主催者**（⇔guest）

⊕ host father[mother]で「ホームステイ先の父親[母親]」

□ 678
truth
/trúːθ/
トゥルース

名 真実

形 true（真実の）

□ 679
flight
/fláit/
フライト

名 **飛行機の便**；飛ぶこと

□ 680
person
/pə́ːrsn/
パースン

名 人

形 personal（個人的な）

to be continued

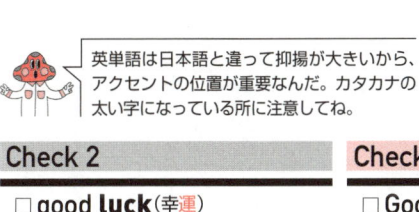

英単語は日本語と違って抑揚が大きいから、アクセントの位置が重要なんだ。カタカナの太い字になっている所に注意してね。

☐ 聞くだけモード　Check 1
☐ しっかりモード　Check 1 ▶ 2
☐ かんぺきモード　Check 1 ▶ 2 ▶ 3

1st GRADE

Check 2 | Check 3

Check 2	Check 3	WEEK
☐ good **luck**(幸運)	☐ Good **luck** on your test.(テストでのあなたの幸運を祈ります)	1 / 2
☐ visit a **shrine**(神社を訪れる)	☐ The **shrine** was built about 300 years ago.(その神社は約300年前に建てられた)	2nd GRADE
☐ give a **concert**(コンサートを開く)	☐ I went to Hikaru's **concert** yesterday.(昨日、ヒカルのコンサートに行った)	3
☐ a famous **musician**(有名な音楽家)	☐ He is a professional **musician**.(彼はプロの音楽家だ)	4
☐ a **host** family(ホストファミリー[ホームステイ先の家族])	☐ He is the **host** of the party.(彼はそのパーティーの主催者だ)	5
☐ tell the **truth**(真実を話す)	☐ The reporter found out the **truth** of the matter.(リポーターは事件の真実を突き止めた)	3rd GRADE / 6
☐ on a **flight** from New York(ニューヨークからの便に乗って)	☐ I'll take the 9 o'clock **flight** to London.(私は9時のロンドン行きの便に乗る)	7
☐ an important **person**(重要人物)	☐ He is the strongest **person** I have ever met.(彼は今まで私が会った中で最も強い人だ)	8

to be continued
▼

Day 43

Check 1　Listen)) CD-B17

□ 681
ship
/ʃíp/
シップ

名 船

□ 682
mail
/méil/
メイゥ

名 郵便；郵便物

□ 683
accident
/ǽksədənt/
アクサダント

名 事故；偶然

□ 684
century
/séntʃəri/
センチュリ

名 世紀

□ 685
hill
/híl/
ヒゥ

名 丘、小山

□ 686
pair
/péər/
ペアー

名 1組、1対、(ズボン・はさみ・眼鏡などの2つの部分からなるものの)1つ

● a pair of 〜で「1組の〜」；make a pairで「ペアになる」

□ 687　❶発音注意
radio
/réidiòu/
レイディオウ

名 ラジオ

● on the radioで「ラジオで」

□ 688
sail
/séil/
セイゥ

名 航海、航行　動 航行する、船旅をする

Day 42)) CD-B15
Quick Review
答えは右ページ下

- □ 風
- □ 地面
- □ 橋
- □ 中心
- □ 土地
- □ 森
- □ 交通
- □ 科学者
- □ 年齢
- □ 線
- □ 部分
- □ 報告書
- □ 戦争
- □ 城
- □ 自然
- □ インタビュー

Check 2

- ☐ take a **ship**(船に乗る)
- ☐ domestic **mail**(国内郵便)
- ☐ have an **accident**(事故にあう)
- ☐ the 21st **century**(21世紀)
- ☐ climb a **hill**(丘に登る)
- ☐ a **pair** of shoes(くつ1足)
- ☐ listen to the **radio**(ラジオを聞く)
- ☐ **sail** for France(フランスに向かう航海)

Check 3

- ☐ We saw many **ships** at sea.(海にたくさんの船が見えた)
- ☐ I received a letter by **mail**.(私は郵便で手紙を受け取った)
- ☐ He was almost killed in the car **accident**.(彼は自動車事故でもう少しで死ぬところだった)
- ☐ The scientist was born in the 19th **century**.(その科学者は19世紀に生まれた)
- ☐ We go skiing on that **hill** every winter.(私たちは毎年冬に、あの丘にスキーをしに行く)
- ☐ I have three **pairs** of jeans.(私はジーンズを3本持っている)
- ☐ I listened to music on the **radio**.(私はラジオで音楽を聞いた)
- ☐ We enjoyed the **sail** around the lake.(私たちは湖での航行を楽しんだ)

1st GRADE
WEEK 1
WEEK 2
2nd GRADE
WEEK 3
WEEK 4
WEEK 5
3rd GRADE
WEEK 6
WEEK 7
WEEK 8

Day 42 》CD-B15
Quick Review
答えは左ページ下

- ☐ wind
- ☐ ground
- ☐ bridge
- ☐ center
- ☐ land
- ☐ forest
- ☐ traffic
- ☐ scientist
- ☐ age
- ☐ line
- ☐ part
- ☐ report
- ☐ war
- ☐ castle
- ☐ nature
- ☐ interview

Day 44

★★★

3rd GRADE＿名詞 4

Check 1 🎧Listen 🎵 CD-B18

□ 689 ❶発音注意
waste
/wéist/
ウェイスト

名 むだ、むだづかい；ごみ　動 ～をむだにする、～を浪費する

➕What a waste!で「なんというむだでしょう！」

□ 690 ❶発音注意
crowd
/kráud/
クラウド

名 人ごみ、群衆；多数

形 crowded（混雑した）

□ 691
wing
/wíŋ/
ウィング

名 つばさ

□ 692 ❶発音注意
poem
/póuəm/
ポウエム

名 詩

□ 693 高
air
/ɛər/
エアー

名 空気；空中

➕air conditionerで「エアコン」；high in the airで「空高く」

□ 694
price
/práis/
プライス

名 値段

□ 695
grade
/gréid/
グレイド

名 学年；成績；等級

□ 696
hunger
/hʌ́ŋgər/
ハンガー

名 空腹；うえ

形 hungry（空腹な）

to be continued
▼

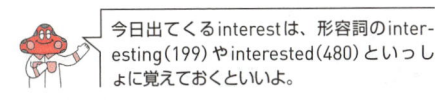

今日出てくるinterestは、形容詞のinteresting(199)やinterested(480)といっしょに覚えておくといいよ。

☐ 聞くだけモード　Check 1
☐ しっかりモード　Check 1 ▶ 2
☐ かんぺきモード　Check 1 ▶ 2 ▶ 3

1st GRADE

Check 2

☐ a lot of **waste**（たくさんのごみ）

☐ a **crowd** of people（多数の人々）

☐ break a **wing**（つばさを折る）

☐ read a **poem**（詩を読む）

☐ fly through the **air**（空中を飛ぶ）

☐ raise the **price**（値段を上げる）

☐ be in the ninth **grade**（9年[＝日本の中学3年]生である）

☐ feel **hunger**（空腹を覚える）

Check 3

☐ I think it's a **waste** of money.（私は、それはお金のむだづかいだと思う）

☐ He spoke in front of large **crowds**.（彼は大ぜいの群衆の前で話した）

☐ The bird has small **wings**.（その鳥には小さなつばさがある）

☐ We each wrote a **poem** in my class.（私たちはそれぞれ、授業で詩を書いた）

☐ The country **air** was fresh.（いなかの空気は新鮮だった）

☐ The **price** of the book is too high.（その本の価格は高すぎる）

☐ I hope to get a good **grade**.（私はよい成績を取りたいと思う）

☐ **Hunger** made them weak.（うえのせいで彼らは弱った）

WEEK 1
WEEK 2

2nd GRADE

WEEK 3
WEEK 4
WEEK 5

3rd GRADE

WEEK 6
WEEK 7
WEEK 8

to be continued
▼

Day 44

Check 1 🔊 Listen 》CD-B18

□ 697
driver
/dráivər/
ヂュライヴァー

名 運転手、(車などを)運転する人

動 drive(～を運転する)

□ 698 ❶アクセント注意
police
/pəlí:s/
ポリース

名 警察

⊕ police officerで「警察官」

□ 699 ❶発音注意
wood
/wúd/
ウッド

名 木材；(woodsで)森

形 wooden(木製の)

□ 700
interest
/íntərəst/
インタレスト

名 興味、関心

形 interesting(おもしろい)　形 interested(興味のある)

□ 701
diary
/dáiəri/
ダイアリ

名 日記

□ 702 高
feeling
/fí:liŋ/
フィーリング

名 感じ；感情、気持ち

動 feel(感じる)

□ 703
machine
/məʃí:n/
マシーン

名 機械

□ 704
gentleman
/dʒéntlmən/
ヂェントゥマン

名 紳士

⊕ 複数形はgentlemen(/dʒéntlmen/ ヂェントゥメン)

Day 43 》CD-B17
Quick Review
答えは右ページ下

□ 運
□ 神社
□ コンサート
□ 音楽家

□ 主人
□ 真実
□ 飛行機の便
□ 人

□ 船
□ 郵便
□ 事故
□ 世紀

□ 丘
□ 1組
□ ラジオ
□ 航海

Check 2	Check 3	
☐ a bus **driver**(バスの運転手)	☐ The **driver** carried my bags.(運転手は私のかばんを運んだ)	1st GRADE / WEEK 1
☐ the **police** station(警察署)	☐ We saw the accident and called the **police**.(私たちは事故を見て警察に電話をした)	WEEK 2
☐ be made of **wood**(木材で作られている)	☐ He lived alone in the **woods**.(彼は森の中で1人で住んでいた)	2nd GRADE
☐ have an **interest** in science(科学に興味がある)	☐ He showed an **interest** in sports.(彼はスポーツに興味を示した)	WEEK 3 / WEEK 4
☐ keep a **diary**(日記をつける)	☐ I write a **diary** in English.(私は英語で日記を書いている)	WEEK 5
☐ a warm **feeling**(暖かそうな感じ)	☐ I might have hurt your **feelings**.(私はあなたの感情を傷つけたかもしれない)	3rd GRADE
☐ a washing **machine**(洗濯機)	☐ Do you know how to start this **machine**?(この機械の動かし方を知っていますか)	WEEK 6
☐ a young **gentleman**(若い紳士)	☐ She married a fine **gentleman**.(彼女は立派な紳士と結婚した)	WEEK 7
		WEEK 8

Day 43))) CD-B17
Quick Review
答えは左ページ下

☐ luck ☐ host ☐ ship ☐ hill
☐ shrine ☐ truth ☐ mail ☐ pair
☐ concert ☐ flight ☐ accident ☐ radio
☐ musician ☐ person ☐ century ☐ sail

Day 45

★★★
3rd GRADE__名詞 5

Check 1　Listen 》CD-B19

□ 705　❶発音注意
death
/déθ/
デス

名 死

動 die(死ぬ)
形 dead(死んでいる)

□ 706　❶発音注意
power
/páuər/
パウアー

名 力；権力

形 powerful(力の強い)
❶ wave powerで「波力エネルギー」

□ 707　❶アクセント注意
electricity
/ilektrísəti/
イレクチュリスィティ

名 電気

形 electric(電気の)

□ 708 高　❶発音注意
newspaper
/njú:zpèipər/
ニューズペイパー

名 新聞

□ 709
oil
/ɔ́il/
オイゥ

名 油；石油

□ 710
side
/sáid/
サイド

名 側面、横

❶ on the side of ～で「～の味方で」

□ 711
cancer
/kǽnsər/
キャンサー

名 がん(病名)

□ 712 高
promise
/prάmis/
プラミス

名 約束　動 約束する

to be continued
▼

newspaperのnews-は「ニュース」ではなくて「ニューズ」と発音することが多いんだよ。間違えやすいから注意しようね。

- □ 聞くだけモード　Check 1
- □ しっかりモード　Check 1 ▶ 2
- □ かんぺきモード　Check 1 ▶ 2 ▶ 3

1st GRADE

Check 2

Check 3

□ be afraid of **death**(死を恐れる)

□ He got over his wife's **death**.(彼は妻の死を乗り越えた)

WEEK 1

WEEK 2

□ wind **power**(風力)

□ Their songs have the **power** to change the world.(彼らの歌には世界を変える力がある)

2nd GRADE

□ work by **electricity**(電気で動く)

□ Let's try to save **electricity**.(電気を節約するように努めましょう)

WEEK 3

□ read a **newspaper**(新聞を読む)

□ I got today's **newspaper** at the station.(私は駅で今日の新聞を手に入れた)

WEEK 4

WEEK 5

□ add **oil**(油を加える)

□ The price of **oil** is too high these days.(このごろ、石油の価格は高すぎる)

3rd GRADE

□ on both **sides**(両側に)

□ Let's look on the bright **side** of things.(物事の明るい面を見ましょう)

WEEK 6

□ stomach **cancer**(胃がん)

□ He got **cancer** at the age of 30.(彼は30歳でがんになった)

WEEK 7

□ make a **promise**(約束をする)

□ He always keeps his **promises**.(彼はいつも約束を守る)

WEEK 8

to be continued ▼

Day 45

Check 1 🎧 Listen 》CD-B19

□ 713 高
step
/stép/
ステップ

名 **1歩、歩み；足どり；段**

□ 714
grass
/grǽs/
グラァス

名 **草**；(the grassで)**芝生；牧草地**

□ 715
rainbow
/réinbòu/
レインボウ

名 **虹**

□ 716 高
government
/gÁvərnmənt/
ガヴァーンメント

名 **政府；政治**

□ 717 ❶発音注意
courage
/kə́:ridʒ/
カーリヂ

名 **勇気**

動 encourage（〜を勇気づける）

□ 718
sentence
/séntəns/
センタンス

名 **文**

□ 719
artist
/ɑ́:rtist/
アーティスト

名 **芸術家；画家**

名 art（芸術）

□ 720
company
/kÁmpəni/
カンパニ

名 **会社；仲間**

**Day 44 》CD-B18
Quick Review
答えは右ページ下**

□ むだ
□ 人ごみ
□ つばさ
□ 詩

□ 空気
□ 値段
□ 学年
□ 空腹

□ 運転手
□ 警察
□ 木材
□ 興味

□ 日記
□ 感じ
□ 機械
□ 紳士

Check 2	Check 3	
☐ take a **step**(1歩進む)	☐ Watch your **step**.(足元に気をつけて)	1st GRADE / WEEK 1
☐ lie on the **grass**(草の上に横になる)	☐ They cut the **grass**.(彼らは芝生を刈った)	WEEK 2
☐ the seven colors of the **rainbow**(虹の7色)	☐ I saw a **rainbow** in the sky.(私は空に虹を見た)	2nd GRADE
☐ work with the **government**(政府と働く)	☐ Can the **government** solve the problem?(政府はその問題を解決できるだろうか)	WEEK 3 / WEEK 4
☐ take **courage**(勇気を出す)	☐ She had the **courage** to speak to the famous singer.(彼女にはその有名な歌手に話しかけるだけの勇気があった)	WEEK 5
☐ a long **sentence**(長い文)	☐ I can't understand the meaning of this **sentence**.(私はこの文の意味が分からない)	3rd GRADE
☐ the greatest **artist** in Japan(日本で最も偉大な芸術家)	☐ He'll be a famous **artist** in the future.(彼は将来、有名な画家になるだろう)	WEEK 6
☐ work at a **company**(会社で働く)	☐ They started a food **company**.(彼らは食品会社を始めた)	WEEK 7 / WEEK 8

Day 44)) CD-B18
Quick Review
答えは左ページ下

- ☐ waste
- ☐ crowd
- ☐ wing
- ☐ poem
- ☐ air
- ☐ price
- ☐ grade
- ☐ hunger
- ☐ driver
- ☐ police
- ☐ wood
- ☐ interest
- ☐ diary
- ☐ feeling
- ☐ machine
- ☐ gentleman

Day 46

★★★
3rd GRADE＿名詞 **6**

Check 1　🔊 Listen 》CD-B20

□ 721
taxi
/tǽksi/
タァクスィ

名 **タクシー**

□ 722
airport
/ɛ́ərpɔ̀ːrt/
エアーポート

名 **空港**

□ 723 高　❶アクセント注意
elevator
/éləvèitər/
エレヴェイター

名 **エレベーター**

□ 724　❶発音注意
business
/bíznis/
ビズニス

名 **仕事、商売、事業**

□ 725
flag
/flǽg/
フラァグ

名 **旗**

□ 726 高　❶発音注意
captain
/kǽptən/
キャプタン

名 **キャプテン；船長**

□ 727　❶アクセント注意
calendar
/kǽləndər/
キャレンダー

名 **カレンダー、年間予定表**

□ 728　❶アクセント注意
environment
/inváiərənmənt/
イン**ヴァ**イアランマント

名 **環境**

to be continued
▼

日本語で思い浮かべる「ノート」と、英語のnoteは違う意味だよ。日本語でいう「ノート」はnotebookだから気をつけてね。

- ☐ 聞くだけモード　Check 1
- ☐ しっかりモード　Check 1 ▶ 2
- ☐ かんぺきモード　Check 1 ▶ 2 ▶ 3

1st GRADE

Check 2

Check 3

☐ take a **taxi**(タクシーに乗る) ▶ ☐ He used to be a **taxi** driver.(彼はかつてタクシーの運転手だった)

WEEK 1

WEEK 2

☐ arrive at an **airport**(空港に到着する) ▶ ☐ We met him at the **airport**.(私たちは空港で彼に会った)

2nd GRADE

☐ take the **elevator** to the second floor(エレベーターに乗って2階まで上がる) ▶ ☐ Let's take the **elevator** down.(エレベーターで下りましょう)

WEEK 3

WEEK 4

☐ a family **business**(家業) ▶ ☐ I came here on **business**.(私は仕事でここに来た)

WEEK 5

☐ a national **flag**(国旗) ▶ ☐ They put **flags** on the moon.(彼らは月に旗を立てた)

3rd GRADE

☐ the **captain** of a ship(船長) ▶ ☐ Kumi is **captain** of our team.(クミは私たちのチームのキャプテンだ)

WEEK 6

WEEK 7

☐ a school **calendar**(学校の年間予定表) ▶ ☐ They put the **calendar** on the wall.(彼らは壁にカレンダーをはった)

WEEK 8

☐ protect the **environment**(環境を保護する) ▶ ☐ He grew up in a difficult **environment**.(彼は厳しい環境で育った)

to be continued ▼

Day 46

Check 1 🎧 Listen)) CD-B20

□ 729 ❶発音注意
note
/nóut/
ノウト

名 メモ、覚書

➕「ノート」はnotebook

□ 730
speed
/spíːd/
スピード

名 速度、速さ

□ 731
fortune
/fɔ́ːrtʃən/
フォーチュン

名 運；財産、富

□ 732 ❶発音注意
foreigner
/fɔ́ːrənər/
フォーラナー

名 外国人

形 foreign(外国の)

□ 733 高
fishing
/fíʃiŋ/
フィッシング

名 魚つり；漁業

動名 fish(魚つりをする；魚)

□ 734 高
prize
/práiz/
プライズ

名 賞

➕Nobel Peace Prizeで「ノーベル平和賞」

□ 735 ❶発音注意
period
/píəriəd/
ピアリアド

名 期間；時代；(授業の)時間

□ 736 ❶発音注意
society
/səsáiəti/
ソサイアティ

名 社会

形 social(社会の)

Day 45)) CD-B19
Quick Review
答えは右ページ下

□ 死　　　□ 油　　　□ 1歩　　□ 勇気
□ 力　　　□ 側面　　□ 草　　　□ 文
□ 電気　　□ がん　　□ 虹　　　□ 芸術家
□ 新聞　　□ 約束　　□ 政府　　□ 会社

Check 2	Check 3	
☐ take a **note**(メモを取る)	☐ My mother left a **note** on the table.(私の母はテーブルにメモを残した)	1st GRADE
		WEEK 1
☐ at high **speed**(高速で)	☐ This car can run at a **speed** of 150 kilometers an hour.(この車は時速150キロメートルの速さで走ることができる)	WEEK 2
☐ good **fortune**(幸運)	☐ He left a **fortune** to his children.(彼は子どもたちに財産を残した)	2nd GRADE
☐ talk to a **foreigner**(外国人と話す)	☐ A **foreigner** spoke to me in English.(外国人が私に英語で話しかけてきた)	WEEK 3
		WEEK 4
☐ go **fishing**(魚つりに行く)	☐ He lived on **fishing**.(彼は漁業で生計を立てた)	WEEK 5
☐ the first **prize**(1等賞)	☐ He is a famous writer who won a literary **prize**.(彼は文学賞をとった有名な作家だ)	3rd GRADE
☐ a **period** of 10 years(10年の期間)	☐ We learned about the Edo **period** at school.(私たちは学校で江戸時代について学んだ)	WEEK 6
☐ Japanese **society**(日本社会)	☐ We must develop a safe **society**.(私たちは安全な社会を作らなければならない)	**WEEK 7**
		WEEK 8

Day 45))CD-B19
Quick Review
答えは左ページ下

☐ death ☐ oil ☐ step ☐ courage
☐ power ☐ side ☐ grass ☐ sentence
☐ electricity ☐ cancer ☐ rainbow ☐ artist
☐ newspaper ☐ promise ☐ government ☐ company

Day 47

★★★
3rd GRADE＿名詞 **7**

Check 1　🔊 Listen 》CD-B21

□ 737　❶発音注意
law
/lɔ́ː/
ロー

名**法律**

名lawyer（法律家）

□ 738
attention
/əténʃən/
アテンシャン

名**注意**

⊕pay attention to ～で「～に注意を払う」；Attention, please.で「お知らせします」

□ 739
president
/prézədənt/
プレズィダント

名**大統領；社長**

□ 740　❶アクセント注意
conversation
/kànvərséiʃən/
カンヴァーセイシャン

名**会話**

⊕have a conversation with ～で「～と会話する」

□ 741　❶発音注意
bone
/bóun/
ボウン

名**骨**

□ 742
middle
/mídl/
ミドゥ

名**真ん中；最中**　形**真ん中の**

⊕in the middle of ～で「～の最中に」

□ 743
speaker
/spíːkər/
スピーカー

名**話す人；演説者**

動speak（～を話す）
名speech（演説）

□ 744
bottom
/bátəm/
バタム

名**底**

to be continued
▼

今日学ぶattentionとconversationはpay attention to ~、have a conversation with ~も覚えておくといいよ。

☐ 聞くだけモード　Check 1
☐ しっかりモード　Check 1 ▶ 2
☐ かんぺきモード　Check 1 ▶ 2 ▶ 3

1st GRADE

Check 2

☐ keep the **law**(法律を守る)

Check 3

☐ They are going to make a new **law**.(彼らは新しい法律を作る予定だ)

WEEK 1

WEEK 2

☐ pay **attention** to his words(彼の言葉に注意を払う)

☐ Thank you for your **attention**.(ご清聴ありがとうございました)

2nd GRADE

☐ the **president** of the United States(アメリカ合衆国大統領)

☐ He'll be the new **president** of the company.(彼はその会社の新しい社長になるだろう)

WEEK 3

☐ have a **conversation** with him(彼と会話をする)

☐ He is poor at **conversation**.(彼は会話が下手だ)

WEEK 4

WEEK 5

☐ break a **bone**(骨を折る)

☐ I threw a **bone** to my dog.(私は犬に骨を投げた)

3rd GRADE

☐ in the **middle** of the schoolyard(校庭の真ん中に)

☐ I left the hall in the **middle** of the concert.(私はコンサートの最中にホールを出た)

WEEK 6

☐ a native **speaker** of English(英語を母語として話す人)

☐ She is a good English **speaker**.(彼女は英語の上手な話し手だ[彼女は英語を話すのが上手だ])

WEEK 7

☐ from the **bottom** of my heart(心の底から)

☐ I want to swim to the **bottom** of the sea.(私は海の底まで泳いでみたい)

WEEK 8

to be continued

Day 47

Check 1 🔊 Listen 》CD-B21

□ 745	**heat** /híːt/ ヒート	名 熱；暑さ 名 heater(暖房器具) ● solar heat で「太陽熱」
□ 746 高	**form** /fɔ́ːrm/ フォーム	名 形、形態；用紙
□ 747 ❶発音注意	**soldier** /sóuldʒər/ ソウルヂャー	名 兵士、軍人
□ 748 ❶発音注意	**statue** /stǽtʃuː/ スタァチュー	名 像
□ 749	**joy** /dʒɔ́i/ チョイ	名 喜び
□ 750	**adult** /ədʌ́lt/ アダット	名 おとな 形 おとなの
□ 751 ❶発音注意	**blossom** /blɑ́səm/ ブラサム	名 花 ● 桜やリンゴなど、果樹の花に用いることが多い
□ 752 ❶発音注意	**garbage** /gɑ́ːrbidʒ/ ガービヂ	名 生ごみ ● garbage bagで「ごみ袋」；生ごみ以外の「くず、がらくた」はtrash

Day 46 》CD-B20
Quick Review
答えは右ページ下

□ タクシー　□ 旗　　　　□ メモ　　□ 魚つり
□ 空港　　　□ キャプテン　□ 速度　　□ 賞
□ エレベーター　□ カレンダー　□ 運　　□ 期間
□ 仕事　　　□ 環境　　　□ 外国人　□ 社会

Check 2

- the **heat** of the sun(太陽の熱)
- fill in a **form**(用紙に記入する)
- a brave **soldier**(勇敢な兵士)
- the **Statue** of Liberty(自由の女神像)
- dance for **joy**(喜びで小おどりする)
- a ticket for an **adult**(おとな用のチケット)
- cherry **blossoms**(桜の花)
- throw away **garbage**(生ごみを捨てる)

Check 3

- I couldn't sleep well because of the **heat**.(暑さのせいでよく眠れなかった)
- They teach English in the **form** of a game.(彼らはゲームの形で英語を教える)
- The injured **soldier** was sent home.(負傷した兵士は国に帰された)
- I met him in front of the **statue** of Hachiko.(私はハチ公像の前で彼と会った)
- She found **joy** in singing.(彼女は歌うことに喜びを見いだした)
- Your brother looks like an **adult**.(あなたのお兄さんはおとなに見える)
- The apple **blossoms** are wonderful this year.(今年はリンゴの花がすばらしい)
- Don't leave any **garbage** here.(ここに生ごみを置いて行かないで)

1st GRADE — WEEK 1, WEEK 2
2nd GRADE — WEEK 3, WEEK 4, WEEK 5
3rd GRADE — WEEK 6, **WEEK 7**, WEEK 8

Day 46 》CD-B20
Quick Review
答えは左ページ下

- taxi
- airport
- elevator
- business
- flag
- captain
- calendar
- environment
- note
- speed
- fortune
- foreigner
- fishing
- prize
- period
- society

Day 48

★★★
3rd GRADE__名詞 8

Check 1　🔊 Listen 》CD-B22

□ 753 高
copy
/kápi/
カピ

名 コピー、写し、複写　動 (〜を)そっくり写す、書き写す

□ 754
amount
/əmáunt/
アマウント

名 量、額；(the amountで)総計

⊕ a large amount of 〜で「かなりの量の〜」

□ 755
firework
/fáiərwə̀ːrk/
ファイアワーク

名 花火；花火大会

□ 756 高　❗アクセント注意
convenience
/kənvíːnjəns/
カンヴィーニエンス

名 便利、便利なもの；好都合

形 convenient(便利な)
⊕ convenience storeで「コンビニエンスストア」

□ 757
army
/áːrmi/
アーミ

名 (the armyで)陸軍；軍隊；集団

□ 758 高
living
/lívin/
リヴィング

名 生活；生きていること；生計　形 生きている；生活のための

動 live(住む；生きる)

□ 759 高
album
/ǽlbəm/
アゥバム

名 アルバム、写真帳；(CD・レコードの)アルバム

□ 760 高　❗発音注意
coach
/kóutʃ/
コウチ

名 (スポーツの)コーチ、指導者

to be continued
▼

中学3年生レベルの名詞もあと一息。よく使う「コンビニエンスストア」のconvenienceはどんな意味かな？ 覚えておこうね。

☐ 聞くだけモード　Check 1
☐ しっかりモード　Check 1 ▶ 2
☐ かんぺきモード　Check 1 ▶ 2 ▶ 3

1st GRADE

WEEK 1

Check 2

☐ a **copy** of this picture（この写真のコピー）

Check 3

☐ I took a **copy** of the list.（私はリストの写しを取った）

WEEK 2

☐ a large **amount** of money（莫大な量の金）

☐ Tell me the **amount** you paid.（あなたが払った総計を私に教えてください）

2nd GRADE

☐ beautiful **fireworks**（美しい花火）

☐ I'll go to the **fireworks** tomorrow.（私は明日、花火大会に行くつもりだ）

WEEK 3

WEEK 4

☐ **convenience** of living in a city（都会に暮らす便利さ）

☐ A mobile phone is a **convenience**.（携帯電話は便利なものだ）

WEEK 5

☐ soldiers of the **army**（陸軍の兵士たち）

☐ The country has a big **army**.（その国は大きな軍隊を持っている）

3rd GRADE

☐ cost of **living**（生活費）

☐ I had to change my way of **living**.（私は生活様式を変えなくてはならなかった）

WEEK 6

☐ my old **album**（私の古いアルバム）

☐ I like this **album** of the singer's.（私はその歌手のこのアルバムが好きだ）

WEEK 7

☐ a swimming **coach**（水泳のコーチ）

☐ He is a strict **coach**.（彼は厳しいコーチだ）

WEEK 8

to be continued ▼

Day 48

Check 1 🔊 Listen)) CD-B22

□ 761 高 ❶発音注意
front
/fránt/
フラント

名前、前部、(the frontで)最前部；表、正面；
(in front of ~で) ~の前に[で]

□ 762
fellow
/félou/
フェロウ

名仲間；人　形仲間の

□ 763 高
contest
/kántest/
カンテスト

名コンテスト、競争、競技

□ 764 高 ❶発音注意
neighborhood
/néibərhùd/
ネイバフド

名近所；近所の人々

名neighbor（近所の人）

□ 765
mask
/mǽsk/
マァスク

名覆面、マスク；顔を隠すもの

□ 766 高
leader
/líːdər/
リーダー

名指導者、先導者

動lead（~を導く）

□ 767 ❶発音注意
island
/áilənd/
アイランド

名島

□ 768 ❶アクセント注意
importance
/impɔ́ːrtəns/
インポータンス

名重要性、大切さ

形important（重要な）

| Day 47)) CD-B21
Quick Review
答えは右ページ下 | □ 法律
□ 注意
□ 大統領
□ 会話 | □ 骨
□ 真ん中
□ 話す人
□ 底 | □ 熱
□ 形
□ 兵士
□ 像 | □ 喜び
□ おとな
□ 花
□ 生ごみ |

Check 2

- the **front** of a building(建物の正面)
- a nice **fellow**(よい仲間)
- an athletic **contest**(陸上競技)
- in my **neighborhood**(私の近所に)
- put on a **mask**(マスクをつける)
- a good **leader**(よい指導者)
- **islands** in the Pacific Ocean(太平洋の島々)
- the **importance** of this problem(この問題の重要性)

Check 3

- There is an old church in **front** of our school.(私たちの学校の前に古い教会がある)
- Some **fellows** I didn't know helped me.(私の知らない人たちが私を助けてくれた)
- My sister won the song **contest**.(姉はその歌のコンテストで優勝した)
- The people in my **neighborhood** are all kind.(私の近所の人々はみんな親切だ)
- I saw a man in a **mask** near the shop.(私はその店の近くで覆面をした男を見た)
- We need a strong **leader**.(私たちには強い指導者が必要だ)
- I want to live on a small **island**.(私は小さな島で暮らしたい)
- Did you learn the **importance** of friendship?(あなたは友情の大切さを学びましたか)

1st GRADE
WEEK 1
WEEK 2
2nd GRADE
WEEK 3
WEEK 4
WEEK 5
3rd GRADE
WEEK 6
WEEK 7
WEEK 8

Day 47 CD-B21 Quick Review 答えは左ページ下

- ☐ law
- ☐ attention
- ☐ president
- ☐ conversation
- ☐ bone
- ☐ middle
- ☐ speaker
- ☐ bottom
- ☐ heat
- ☐ form
- ☐ soldier
- ☐ statue
- ☐ joy
- ☐ adult
- ☐ blossom
- ☐ garbage

Day 49

★★★
3rd GRADE__名詞 9

Check 1　🔊 Listen 🎵 CD-B23

□ 769
journalist
/dʒə́ːrnəlist/
ヂャーナリスト

名 **ジャーナリスト**、(新聞・雑誌などの)**記者**

□ 770 高
painter
/péintər/
ペインター

名 **画家**、絵を描く人

動 paint(〜を描く)
名 painting(絵)

□ 771
product
/prɑ́dʌkt/
プラダクト

名 **製品；生産物**

動 produce(〜を生産する；〜を生み出す)

□ 772 高
resource
/ríːsɔːrs/
リーソース

名 (resourcesで)**資源；手段**

□ 773 高
site
/sáit/
サイト

名 **場所**、位置、建築用地

⊕ World Heritage Siteで「世界遺産」

□ 774
situation
/sìtʃuéiʃən/
スィチュエイシャン

名 **状況**、立場；事態

□ 775
tradition
/trədíʃən/
トラディシャン

名 **伝統**、習慣；言い伝え

形 traditional(伝統的な)

□ 776 高　❶アクセント注意
technology
/teknɑ́lədʒi/
テクナロヂ

名 **科学技術**、テクノロジー

to be continued
▼

WEEK 7もいよいよ最後の日。ここまで勉強を続けられたなら、一冊終えることを目標にして、あと少しがんばってね!

- □ 聞くだけモード　Check 1
- □ しっかりモード　Check 1 ▶ 2
- □ かんぺきモード　Check 1 ▶ 2 ▶ 3

1st GRADE

WEEK 1

WEEK 2

Check 2

Check 3

□ an interview with a **journalist**(記者とのインタビュー)
▶ □ He is one of the most popular **journalists** in the country.(彼はその国で最も人気のあるジャーナリストの1人だ)

□ a great **painter**(偉大な画家)
▶ □ We saw the **painter's** drawings there.(私たちはそこでその画家の絵を見た)

2nd GRADE

WEEK 3

□ farm **products**(農業生産物)
▶ □ **Products** made in Japan are popular.(日本の製品は人気がある)

WEEK 4

□ the only **resource**(唯一の手段)
▶ □ We have to save natural **resources**.(私たちは天然の資源を守らなければならない)

WEEK 5

□ a good **site** for a new school(新しい学校にふさわしい建築用地)
▶ □ Do you know the **site** of the building?(あなたはその建物の場所を知っていますか)

3rd GRADE

□ in my **situation**(私の立場では)
▶ □ We should just wait for help in such a **situation**.(このような状況ではただ助けを待った方がよい)

WEEK 6

□ the Japanese **tradition**(日本の伝統)
▶ □ It's important to keep our **traditions**.(私たちの伝統を守ることが大切だ)

WEEK 7

□ surprising **technology**(驚くべき科学技術)
▶ □ They used new **technology** for cleaning water.(彼らは水の浄化に新しいテクノロジーを使った)

WEEK 8

to be continued
▼

Day 49

Check 1 🎧 Listen)) CD-B23

□ 777 高
winner
/wínər/
ウィナー

名 **勝利者、優勝者；受賞者**

動 win(〜に勝つ)

□ 778 高
choice
/tʃɔ́is/
チョイス

名 **選択、選ぶこと**

動 choose(〜を選ぶ)

□ 779 高
drugstore
/drʌ́gstɔ̀ːr/
ドラグストー

名 **ドラッグストア、薬局**

➕ アメリカの「ドラッグストア」は、薬だけでなく日用品を広く扱い、軽食もとれる店のこと

□ 780 高 ❗発音注意
ceremony
/sérəmòuni/
セリモウニ

名 **儀式、式典**

□ 781 高 ❗アクセント注意
sunshine
/sʌ́nʃàin/
サンシャイン

名 **日光、日差し、日なた**

□ 782 高
collection
/kəlékʃən/
カレクション

名 **収集、採集；収集物、コレクション**

動 collect(〜を集める)

□ 783 高 ❗アクセント注意
graduation
/græ̀dʒuéiʃən/
グラヂュエイション

名 **卒業**

動 graduate(卒業する)

□ 784
adventure
/ædvéntʃər/
アドヴェンチャー

名 **冒険**

Day 48)) CD-B22
Quick Review
答えは右ページ下

- □ コピー
- □ 量
- □ 花火
- □ 便利

- □ 陸軍
- □ 生活
- □ アルバム
- □ コーチ

- □ 前
- □ 仲間
- □ コンテスト
- □ 近所

- □ 覆面
- □ 指導者
- □ 島
- □ 重要性

Check 2

- a **winner** of the Nobel Peace Prize(ノーベル平和賞の受賞者)
- make a **choice**(選択する)
- a new **drugstore**(新しいドラッグストア)
- a graduation **ceremony**(卒業式)
- in the **sunshine**(日なたで)
- **collection** of data(データの収集)
- after **graduation** from high school(高校卒業後)
- have an **adventure**(冒険する)

Check 3

- She is the **winner** of the tennis match.(彼女がテニスの試合の勝利者だ)
- Your **choice** was right.(あなたの選択は正しかった)
- I went to the **drugstore** to buy some medicine for a headache.(私は頭痛薬を買いに薬局へ行った)
- The **ceremony** is held every Sunday.(その儀式は毎週日曜日に行われる)
- This plant needs a lot of **sunshine**.(この植物には多くの日光が必要だ)
- His **collection** of old stamps surprised me.(彼の古い切手のコレクションは私を驚かせた)
- We enjoyed our **graduation** trip.(私たちは卒業旅行を楽しんだ)
- His life was full of **adventure**.(彼の人生は冒険に満ちていた)

1st GRADE
WEEK 1
WEEK 2

2nd GRADE
WEEK 3
WEEK 4
WEEK 5

3rd GRADE
WEEK 6
WEEK 7
WEEK 8

Day 48)) CD-B22
Quick Review
答えは左ページ下

- copy
- amount
- firework
- convenience
- army
- living
- album
- coach
- front
- fellow
- contest
- neighborhood
- mask
- leader
- island
- importance

まとめて覚えよう！
テーマ別英単語帳

このコーナーでは、テーマ別に学習した方が覚えやすい・使いやすい単語をまとめて紹介します。

❼ 食事・食べ物 2

🎧 Listen 🎵 CD-B24

apple [ǽpl] アポゥ	名 リンゴ
orange [ɔ́:rindʒ] オーリンヂ	名 オレンジ
banana [bənǽnə] バナァナ	名 バナナ
cheese [tʃí:z] チーズ	名 チーズ
onion [ʌ́njən] アニョン	名 玉ねぎ
cake [kéik] ケイク	名 ケーキ
candy [kǽndi] キャンディ	名 キャンディー、お菓子
chocolate [tʃɔ́:kələt] チョーコリット	名 チョコレート
cookie [kúki] クキィ	名 クッキー
juice [dʒú:s] ヂュース	名 ジュース
salt [sɔ́:lt] ソーゥト	名 塩
sugar [ʃúgər] シュガー	名 砂糖
salad [sǽləd] サァラド	名 サラダ
soup [sú:p] スープ	名 スープ
steak [stéik] ステイク	名 ステーキ
meat [mí:t] ミート	名 肉
beef [bí:f] ビーフ	名 牛肉
egg [ég] エッグ	名 卵

Do you want some chocolate?
(チョコレート、欲しい？)

3rd GRADE (中学3年生レベル)
WEEK 8

『改訂版 キクタン【中学英単語】高校入試レベル』も、いよいよ最後の週になりました。中学3年生レベルの形容詞、副詞、多義語を学びます。ここをマスターできれば、見事ゴールイン！

Day 50【形容詞 1】
▶ 228
Day 51【形容詞 2】
▶ 232
Day 52【形容詞 3】
▶ 236
Day 53【形容詞 4】
▶ 240
Day 54【副詞 1】
▶ 244
Day 55【副詞 2】
▶ 248
Day 56【多義語】
▶ 252

テーマ別英単語帳
❽ 生き物
▶ 256
❾ 服
▶ 257
❿ 色・単位
▶ 258
⓫ スポーツ・楽器
▶ 259

英語でコレ言える？
Can you say this in English?
(　　) に入る語が分かるかな？

▼

昨日の夜のパーティーに行けなかったんだ。
I couldn't go to the party last night.

ラッキーだったわね！
You were (　　)!

そこにはほんの数人しかいなかったのよ。私、早く帰ったわ。
There were only a few people there. I left early.

▼

答えはDay 50でチェック！

1st GRADE
WEEK 1
WEEK 2

2nd GRADE
WEEK 3
WEEK 4
WEEK 5

3rd GRADE
WEEK 6
WEEK 7
WEEK 8

Day 50

★★★
3rd GRADE＿形容詞 1

Check 1　Listen))) CD-B25

□ 785
weak
/wíːk/
ウィーク

形**弱い**(⇔strong)

□ 786 高
much
/mʌ́tʃ/
マッチ

形**たくさんの、大量の**(⇔little)　副**とても**

活用 more-most
● How much is[are] ~? で「~はいくらですか」

□ 787 高　❶発音注意
sorry
/sɑ́ri/
サリ

形(be sorry for ~で)**~に申し訳なく思って、~をかわいそうに思って、~を気の毒に感じて**

● I'm sorry. で「ごめんなさい」

□ 788 高
little
/lítl/
リトゥ

形**小さい、幼い；少量の**(⇔much)、(a littleで)**少し**

活用 less(レス)-least(リースト)

□ 789 高　❶発音注意
both
/bóuθ/
ボウス

形**両方の**　代**両方**

● both ~ and ... で「~も…も両方とも」

□ 790
lucky
/lʌ́ki/
ラッキ

形**幸運な**

名 luck(幸運)
● How lucky! で「なんて幸運なんでしょう！」

□ 791
strong
/strɔ́ːŋ/
スチュローング

形**強い**(⇔weak)

□ 792　❶発音注意
common
/kɑ́mən/
カマン

形**共通の；普通の、よくある**

● in common で「共通の」

to be continued
▼

ここからは形容詞をチェック。覚えにくい単語があれば、何度も声に出して言ってみたり、次の日に復習したりしよう。

☐ 聞くだけモード　Check 1
☐ しっかりモード　Check 1 ▶ 2
☐ かんぺきモード　Check 1 ▶ 2 ▶ 3

Check 2 | Check 3

☐ a **weak** team（弱いチーム）
▶ ☐ The player looked **weak** but won the game.（その選手は弱そうに見えたが、試合に勝った）

☐ don't have **much** rain（あまりたくさんの雨が降らない）
▶ ☐ Do you have **much** homework today?（今日はたくさん宿題がありますか）

☐ be **sorry** for her（彼女をかわいそうに思って）
▶ ☐ I'm **sorry** about that.（私はそのことを申し訳なく思います）

☐ some **little** birds（数羽の小鳥）
▶ ☐ There is a **little** coffee in the cup.（そのカップには少しコーヒーがある）

☐ in **both** hands（両手に）
▶ ☐ You can have **both** of the books.（両方の本を持っていっていいですよ）

☐ a **lucky** day（幸運な1日）
▶ ☐ You are so **lucky**.（あなたはとても幸運だ）

☐ a **strong** wind（強い風）
▶ ☐ When he was younger, he was not as **strong** as he is now.（彼が若かったころ、彼は今ほど強くなかった）

☐ our **common** friend（私たちの共通の友人）
▶ ☐ This is a **common** problem among young people.（これは若い人々の間でよくある問題だ）

1st GRADE
WEEK 1
WEEK 2

2nd GRADE
WEEK 3
WEEK 4
WEEK 5

3rd GRADE
WEEK 6
WEEK 7
WEEK 8

to be continued
▼

Day 50

Check 1　🔊 Listen 》CD-B25

□ 793
simple
/símpl/
スィンポゥ

形 **単純な**；簡単な

副 simply（簡単に）

□ 794
real
/ríːəl/
リーアゥ

形 **本当の**；現実の

副 really（本当に）

□ 795　❶発音注意
dead
/déd/
デッド

形 **死んでいる**（⇔alive）

動 die（死ぬ）
名 death（死）

□ 796　❶発音注意
dangerous
/déindʒərəs/
デインヂャラス

形 **危険な**（⇔safe）

名 danger（危険）

□ 797
sweet
/swíːt/
スウィート

形 **甘い**；心地よい　名 甘い食べ物

□ 798　高
such
/sátʃ/
サッチ

形 **そんな**；とても〜な

➕ such 〜 as ... で「…のような〜」

□ 799
alive
/əláiv/
アライヴ

形 **生きている**（⇔dead）

□ 800　高
another
/ənʌ́ðər/
アナザー

形 **別の**；もう1つの　代 別のもの

➕ another cup of 〜で「もう1杯の〜」

Day 49 》CD-B23
Quick Review
答えは右ページ下

- □ ジャーナリスト
- □ 画家
- □ 製品
- □ 資源
- □ 場所
- □ 状況
- □ 伝統
- □ 科学技術
- □ 勝利者
- □ 選択
- □ ドラッグストア
- □ 儀式
- □ 日光
- □ 収集
- □ 卒業
- □ 冒険

Check 2

- □ a **simple** idea（単純な考え）
- □ a **real** purpose（本当の目的）
- □ a **dead** dog（死んだ犬）
- □ a **dangerous** area（危険な地域）
- □ a **sweet** cake（甘いケーキ）
- □ **such** a great person（とても偉大な人）
- □ find him **alive**（彼を生きて発見する）
- □ **another** way（別の方法）

Check 3

- □ I talked with a Chinese woman in **simple** English.（私は中国人の女性と簡単な英語で話した）
- □ It's not a **real** $100 bill.（それは本当の100ドル紙幣ではない）
- □ He was found **dead** in his house.（彼は彼の家で死んでいるところを発見された）
- □ It's **dangerous** to travel alone in the country.（その国を1人で旅行するのは危険だ）
- □ The flowers smelled **sweet**.（その花は甘い香りがした）
- □ I have never heard **such** a sad story.（私はそんな悲しい話を聞いたことがない）
- □ The traditional culture is still **alive** in Peru.（ペルーでは伝統文化がまだ生きている）
- □ Will you show me **another** one?（別のものを見せてくれますか）

Day 49))) CD-B23
Quick Review
答えは左ページ下

- □ journalist
- □ painter
- □ product
- □ resource
- □ site
- □ situation
- □ tradition
- □ technology
- □ winner
- □ choice
- □ drugstore
- □ ceremony
- □ sunshine
- □ collection
- □ graduation
- □ adventure

Day 51

★★★
3rd GRADE＿形容詞 2

Check 1 ◎ Listen 》CD-B26

□ 801
wide
/wáid/
ワイド

形(幅が)**広い**(⇔narrow)　副**広く**

□ 802　❶発音注意
wrong
/rɔ́ːŋ/
ローング

形**間違っている；調子が悪い**

➕What's wrong with ～?で「～はどうしたのですか」

□ 803
several
/sévərəl/
セヴェラゥ

形**いくつかの**

➕several timesで「何度も」

□ 804　❶アクセント注意
expensive
/ikspénsiv/
イクスペンスィヴ

形**高価な**(⇔cheap)

□ 805
windy
/wíndi/
ウィンディ

形**風の強い、風の吹く**

名wind(風)

□ 806
human
/hjúːmən/
ヒューマン

形**人間の、人間らしい**　名**人間**

➕human rightで「人権」

□ 807
narrow
/nǽrou/
ナァロウ

形(幅が)**せまい、細い**(⇔wide)

□ 808
cheap
/tʃíːp/
チープ

形(品物が)**安い**(⇔expensive)

to be continued

今日学習する単語のうち narrow⇔wide、cheap⇔expensive は反対語もセットで覚えておくといいよ。がんばろう！

☐ 聞くだけモード　Check 1
☐ しっかりモード　Check 1 ▶ 2
☐ かんぺきモード　Check 1 ▶ 2 ▶ 3

Check 2 | Check 3

☐ a **wide** road（広い通路）
▶ ☐ The river was so **wide** that I wasn't able to see the other side of it.（その川はとても広かったので、私はその対岸が見えなかった）

☐ a **wrong** answer（間違った答え）
▶ ☐ You have the **wrong** number.（[電話で] 番号を間違えていますよ）

☐ **several** problems（いくつかの問題）
▶ ☐ I have **several** questions for you.（私はあなたにいくつか質問がある）

☐ an **expensive** car（高価な車）
▶ ☐ She always carries an **expensive** bag.（彼女はいつも高価なかばんを持っている）

☐ a **windy** hill（風の吹く丘）
▶ ☐ This town is famous for its **windy** weather.（この町は風の強い気候で有名だ）

☐ a **human** being（人間）
▶ ☐ They are working for **human** rights.（彼らは人権問題のために活動している）

☐ a **narrow** river（細い川）
▶ ☐ This street is very **narrow**, and only one car can go through at a time.（この通りはとてもせまくて、一度に1台の車しか通れない）

☐ a **cheap** hotel（安いホテル）
▶ ☐ They sell **cheap** clothes at that shop.（その店では安い服を売っている）

1st GRADE
WEEK 1
WEEK 2

2nd GRADE
WEEK 3
WEEK 4
WEEK 5

3rd GRADE
WEEK 6
WEEK 7
WEEK 8

to be continued
▼

Day 51

Check 1 🎧 Listen 》CD-B26

☐ 809
perfect
/pə́ːrfikt/
パーフィクト

形 **完ぺきな**、申し分のない

副 perfectly（完全に）

☐ 810 ❶発音注意
secret
/síːkrit/
シークリット

形 **秘密の**、内密の 名 秘密

☐ 811
national
/nǽʃənl/
ナァショナゥ

形 **国の**、国立の；国民の

名 nation（国 /néiʃən/ ネイシャン）

☐ 812
comfortable
/kʌ́mfərtəbl/
カンファータボゥ

形 **快適な**、心地よい

☐ 813 高
wild
/wáild/
ワイゥド

形 **野生の**；野蛮な 名 野生の状態

名 wilderness（荒野）
⊕ in the wild で「野生の」

☐ 814
similar
/símələr/
スィミラー

形 **よく似ている**、(be similar to 〜で)〜とよく似た

☐ 815 ❶発音注意
whole
/hóul/
ホウゥ

形 **すべての**、全部の、全〜

☐ 816 高 ❶発音注意
crowded
/kráudid/
クラウディド

形 **混雑した**

名 crowd（人ごみ）

| Day 50 》CD-B25
Quick Review
答えは右ページ下 | ☐ 弱い
☐ たくさんの
☐ 申し訳なく思って
☐ 小さい | ☐ 両方の
☐ 幸運な
☐ 強い
☐ 共通の | ☐ 単純な
☐ 本当の
☐ 死んでいる
☐ 危険な | ☐ 甘い
☐ そんな
☐ 生きている
☐ 別の |

Check 2

- a **perfect** speech（完ぺきなスピーチ）
- **secret** information（秘密の情報）
- a **national** stadium（国立競技場）
- a **comfortable** room（居心地のよい部屋）
- **wild** animals（野生動物）
- two **similar** books（よく似た2冊の本）
- the **whole** team（チーム全体）
- a **crowded** train（混雑した電車）

Check 3

- She met the **perfect** man.（彼女は申し分のない男性に出会った）
- I found a **secret** door in the old house.（私はその古い家で秘密のドアを見つけた）
- May 5 is a **national** holiday.（5月5日は国民の祝日だ）
- I like **comfortable** clothes.（私は着心地のよい服が好きだ）
- These **wild** birds can only be seen on this mountain.（これらの野生の鳥はこの山でしか見られない）
- Her hairstyle is **similar** to mine.（彼女の髪型は私のとよく似ている）
- He ate the **whole** cake.（彼はすべてのケーキを食べた）
- The street was **crowded** with people.（通りは人々で混雑していた）

Day 50 》CD-B25
Quick Review
答えは左ページ下

- weak
- much
- sorry
- little
- both
- lucky
- strong
- common
- simple
- real
- dead
- dangerous
- sweet
- such
- alive
- another

1st GRADE — WEEK 1, WEEK 2
2nd GRADE — WEEK 3, WEEK 4, WEEK 5
3rd GRADE — WEEK 6, WEEK 7, WEEK 8

Day 52

★★★

3rd GRADE＿形容詞 3

Check 1 🔊 Listen 》CD-B27

□ 817
blind
/bláind/
ブラインド

形 目の見えない

□ 818
round
/ráund/
ラウンド

形 丸い　副 周囲に；〜中

□ 819 高
proud
/práud/
プラウド

形 (be proud of[that] 〜で)〜を[〜であることを] 誇りに思う

名 pride(誇り /práid/ プライド)

□ 820　❶発音注意
possible
/pásəbl/
パセボゥ

形 (物事が)可能な、できる(⇔impossible)

□ 821
ill
/íl/
イゥ

形 病気の；気分が悪い

活用 worse-worst
➕ 「病気の」という意味では、アメリカ英語ではsick、イギリス英語ではillを使うことが多い

□ 822
wet
/wét/
ウェット

形 ぬれた(⇔dry)、湿った；雨の

□ 823
quick
/kwík/
クウィック

形 速い、素早い(⇔slow)

副 quickly(速く)

□ 824　❶発音注意
modern
/mádərn/
マダーン

形 現代の；近代の

to be continued
▼

形容詞は名詞の前に来る場合や、isやareの後ろに来る場合があるよ。Check 2、3を注意してチェックしてね。

- ☐ 聞くだけモード　Check 1
- ☐ しっかりモード　Check 1 ▶ 2
- ☐ かんぺきモード　Check 1 ▶ 2 ▶ 3

1st GRADE

Check 2

☐ become **blind**(目が見えなくなる)

Check 3

☐ The **blind** musician became very famous.(その目の見えない音楽家はとても有名になった)

WEEK 1

WEEK 2

☐ a **round** table(丸いテーブル)

☐ He has a **round** face.(彼は丸い顔をしている)

2nd GRADE

☐ be **proud** of my family(私の家族を誇りに思う)

☐ He is **proud** that his son is captain of the baseball team.(彼は息子が野球チームのキャプテンであることを誇りに思っている)

WEEK 3

☐ as soon as **possible**(できるだけ早く)

☐ Is it **possible** for you to finish writing the report by Monday?(あなたは月曜日までにリポートを書き終えることが可能ですか)

WEEK 4

WEEK 5

☐ become **ill**(病気になる)

☐ She was too **ill** to speak.(彼女はとても重い病気だったので、話せなかった)

3rd GRADE

☐ a **wet** road(ぬれた道路)

☐ It suddenly started raining and we all got **wet**.(雨が突然降り出して、私たちは全員ぬれた)

WEEK 6

☐ be **quick** in action(動きが素早い)

☐ She was **quick** to learn.(彼女はものを覚えるのが速かった)

WEEK 7

☐ **modern** art(現代美術)

☐ I'm interested in **modern** history.(私は近代史に興味がある)

WEEK 8

to be continued
▼

Day 52

Check 1 🔊 Listen))) CD-B27

□ 825
clever
/klévər/
クレヴァー

形 利口な、かしこい；器用な

□ 826
thick
/θík/
スィック

形 厚い(⇔thin)

□ 827
dirty
/də́ːrti/
ダーティ

形 汚い、汚れた

□ 828 ❶発音注意
honest
/ánist/
アニスト

形 正直な、誠実な

名 honesty(正直)

□ 829
usual
/júːʒuəl/
ユージュアゥ

形 いつもの、普通の

副 usually(普通は)
➕ as usualで「いつものとおりに」

□ 830
thin
/θín/
スィン

形 薄い、細い(⇔thick)；やせた

□ 831 ❶発音注意
lonely
/lóunli/
ロウンリ

形 孤独な、さびしい

□ 832 ❶発音注意
serious
/síəriəs/
スィアリアス

形 まじめな、真剣な；重大な

Day 51))) CD-B26
Quick Review
答えは右ページ下

- □ 広い
- □ 間違っている
- □ いくつかの
- □ 高価な
- □ 風の強い
- □ 人間の
- □ せまい
- □ 安い
- □ 完ぺきな
- □ 秘密の
- □ 国の
- □ 快適な
- □ 野生の
- □ よく似ている
- □ すべての
- □ 混雑した

Check 2	Check 3	
☐ a **clever** dog(利口な犬)	☐ He was too **clever** to be caught by the police.(彼はとても利口だったので、警察につかまらなかった)	1st GRADE — WEEK 1
☐ a **thick** steak(厚いステーキ)	☐ There were **thick** clouds in the sky.(空には厚い雲があった)	WEEK 2
☐ **dirty** clothes(汚い服)	☐ The children got **dirty** when they played outside.(外で遊んだ時に、子どもたちは汚れた)	2nd GRADE
☐ an **honest** boy(正直な少年)	☐ You are always **honest**.(あなたはいつも正直だ)	WEEK 3
☐ the **usual** way(いつもの方法)	☐ 5 o'clock is the **usual** time for him to wake up.(5時は彼が起きるいつもの時間だ)	WEEK 4 / WEEK 5
☐ a **thin** book(薄い本)	☐ She looks **thin** in that dress.(彼女はあのドレスを着るとやせて見える)	3rd GRADE
☐ a **lonely** life(孤独な生涯)	☐ He felt **lonely** after his wife's death.(妻の死後、彼はさびしく感じた)	WEEK 6 / WEEK 7
☐ a **serious** problem(重大な問題)	☐ He looked **serious** when he talked about his future.(彼が将来について話す時は、真剣に見えた)	WEEK 8

Day 51))) CD-B26
Quick Review
答えは左ページ下

☐ wide ☐ windy ☐ perfect ☐ wild
☐ wrong ☐ human ☐ secret ☐ similar
☐ several ☐ narrow ☐ national ☐ whole
☐ expensive ☐ cheap ☐ comfortable ☐ crowded

Day 53

★★★
3rd GRADE__形容詞 **4**

Check 1　Listen 》 CD-B28

□ 833
shy
/ʃái/
シャイ

形 **恥ずかしがりの、内気な**

□ 834 高
clear
/klíər/
クリアー

形 **晴れた**；澄んだ；明らかな

副 clearly(はっきりと)

□ 835
fresh
/fréʃ/
フレッシュ

形 **新鮮な**

□ 836 高　❶アクセント注意
official
/əfíʃəl/
アフィシャゥ

形 **公の**；公式の　名 職員

□ 837
wise
/wáiz/
ワイズ

形 **かしこい**、分別がある

➕ wiseは「(知識と経験からくる)かしこさ」を表すが、clever(利口な)は「ずるがしこい」という意味になることがある

□ 838
plastic
/plǽstik/
プラァスティック

形 **プラスチックの**、ビニール製の　名 プラスチック、ビニール

➕ plastic bottleで「ペットボトル」

□ 839　❶アクセント注意
necessary
/nésəsèri/
ネサセリ

形 (物事が)**必要な**

□ 840 高
surprising
/sərpráiziŋ/
サープライズィング

形 **驚くべき**、意外な

動 surprise(〜を驚かす)
形 surprised(驚いた)

to be continued
▼

今日で形容詞は終了だよ。ここまで続けられた人は、本当によくがんばったね！ あと4日でゴールなので、楽しんで続けよう。

☐ 聞くだけモード　Check 1
☐ しっかりモード　Check 1 ▶ 2
☐ かんぺきモード　Check 1 ▶ 2 ▶ 3

Check 2

☐ a **shy** child（恥ずかしがりの子ども）

☐ a **clear** sky（晴れた空）

☐ **fresh** vegetables（新鮮な野菜）

☐ an **official** site（公式サイト）

☐ a **wise** man（かしこい男性）

☐ a **plastic** bag（ビニール袋）

☐ be **necessary** for everyone（みんなに必要である）

☐ a **surprising** accident（驚くべき事故）

Check 3

☐ She was too **shy** to speak to her classmates.（彼女は内気すぎてクラスメートに話しかけられなかった）

☐ The water in the river was very **clear**.（その川の水はとても澄んでいた）

☐ The food at that store is always **fresh**.（その店の食べ物はいつも新鮮だ）

☐ There are four **official** languages in this country.（この国には4つの公用語がある）

☐ Ted was as **wise** as his father.（テッドは父親と同じくらいかしこかった）

☐ Don't throw away **plastic** bottles here.（ペットボトルをここに捨てないで）

☐ It's **necessary** for us to understand each other.（私たちには互いを理解することが必要だ）

☐ His ideas are never **surprising**.（彼の考えは決して意外なものではない）

to be continued ▼

1st GRADE

WEEK 1

WEEK 2

2nd GRADE

WEEK 3

WEEK 4

WEEK 5

3rd GRADE

WEEK 6

WEEK 7

WEEK 8

Day 53

Check 1 🎧 Listen 》CD-B28

□ 841
main
/méin/
メイン
形 **主な**、主要な、中心となる

□ 842 ❗発音注意
equal
/íːkwəl/
イークワゥ
形 **平等な**；(be equal to ～で)～と等しい
名 equality（平等）

□ 843
faithful
/féiθfəl/
フェイスフゥ
形 **忠実な**、信心深い

□ 844 高 ❗アクセント注意
elementary
/èləméntəri/
エレメンタリ
形 **初歩の**、初等の；基本的な
✚ elementary schoolで「小学校」

□ 845
magic
/mǽdʒik/
マヂク
形 **魔法の**；魅惑的な 名 魔力、不思議な力

□ 846
solar
/sóulər/
ソウラー
形 **太陽の**；太陽光線を利用した
✚ solar power、solar energyで「太陽エネルギー」；solar cellで「太陽電池」

□ 847
amazing
/əméiziŋ/
アメイズィング
形 **驚くべき**；すばらしい
動 amaze（～をびっくりさせる）
形 amazed（驚いた）

□ 848 高
professional
/prəféʃnl/
プロフェショヌゥ
形 **専門職の**、職業上の；プロの 名 専門家；プロ
名 profession（職業、専門職）

| Day 52 》CD-B27
Quick Review
答えは右ページ下 | □ 目の見えない
□ 丸い
□ 誇りに思う
□ 可能な | □ 病気の
□ ぬれた
□ 速い
□ 現代の | □ 利口な
□ 厚い
□ 汚い
□ 正直な | □ いつもの
□ 薄い
□ 孤独な
□ まじめな |

Check 2	Check 3	
☐ the **main** reason（主な理由）	☐ He is one of the **main** players of our team.（彼は私たちのチームの中心となる選手の1人だ）	1st GRADE
		WEEK 1
☐ **equal** rights（平等の権利）	☐ One foot is almost **equal** to 30 centimeters.（1フィートはほぼ30センチメートルと等しい）	WEEK 2
☐ a **faithful** dog（忠実な犬）	☐ She is a **faithful** friend.（彼女は信心深い友人だ）	2nd GRADE
☐ **elementary** education（初等教育）	☐ My son is learning **elementary** English.（私の息子は初歩の英語を学んでいる）	WEEK 3
		WEEK 4
☐ a **magic** mirror（魔法の鏡）	☐ I want to fly on a **magic** carpet.（私は魔法のじゅうたんに乗って飛びたい）	WEEK 5
☐ the **solar** system（太陽系）	☐ We should use more **solar** energy.（私たちはもっと多くの太陽エネルギーを使うべきだ）	3rd GRADE
☐ an **amazing** fact（驚くべき事実）	☐ It's **amazing** that Masaru is going to join the band.（マサルがそのバンドに入るつもりだとは驚きだ）	WEEK 6
		WEEK 7
☐ a **professional** baseball player（プロの野球選手）	☐ A doctor is a **professional** person.（医者は専門家だ）	WEEK 8

Day 52))) CD-B27
Quick Review
答えは左ページ下

☐ blind ☐ ill ☐ clever ☐ usual
☐ round ☐ wet ☐ thick ☐ thin
☐ proud ☐ quick ☐ dirty ☐ lonely
☐ possible ☐ modern ☐ honest ☐ serious

Day 54

★★★
3rd GRADE__副詞 1

Check 1   Listen)) CD-B29

□ 849 高
just
/dʒʌ́st/
チャスト

副 **ちょうど、まさに；ほんの、ちょっと**
⊕ just like ～で「まさに～のよう」；Just kidding. で「ほんの冗談です」；Just a minute[moment]. で「ちょっと待ってください」

□ 850 高
even
/íːvən/
イーヴン

副 **～でさえ**
⊕ even if ～で「たとえ～でも」

□ 851 高
never
/névər/
ネヴァー

副 **決して～ない；一度も～ない**
⊕ have never been to ～で「～へ行ったことがない」

□ 852 ❶アクセント注意
inside
/ìnsáid/
インサイド

副 **内側に；屋内で**(⇔outside)　形 **内側の**

□ 853 高
yet
/jét/
イェット

副 (否定文で) **まだ(～ない)**；(疑問文で) **もう**

□ 854 高 ❶発音注意
slowly
/slóuli/
スロウリ

副 **ゆっくりと**(⇔quickly、fast)

形 slow(遅い)

□ 855 高 ❶アクセント注意
already
/ɔːlrédi/
オーゥレディ

副 **すでに、もう**

□ 856 高
outside
/áutsáid/
アウトサイド

副 **外側に；屋外で**(⇔inside)　形 **外側の**

to be continued
▼

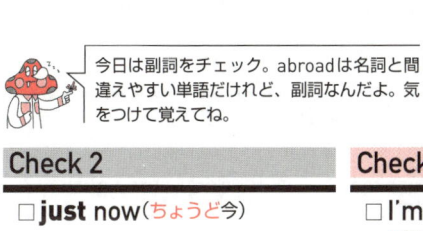

今日は副詞をチェック。abroadは名詞と間違えやすい単語だけれど、副詞なんだよ。気をつけて覚えてね。

- ☐ 聞くだけモード　Check 1
- ☐ しっかりモード　Check 1 ▶ 2
- ☐ かんぺきモード　Check 1 ▶ 2 ▶ 3

1st GRADE

Check 2

Check 3

WEEK 1

☐ **just** now（ちょうど今）

☐ I'm **just** looking.（[店などで] ちょっと見ているだけです）

WEEK 2

☐ **even** a little child（幼い子どもでさえ）

☐ There is snow on that mountain **even** in summer.（あの山には夏でさえ雪がある）

2nd GRADE

☐ **never** know it（決してそれを知らない）

☐ I have **never** seen such a big river.（私はこんな大きな川を一度も見たことがない）

WEEK 3

☐ come **inside**（中に入る）

☐ Because it was raining, I stayed **inside**.（雨が降っていたので、私は屋内にいた）

WEEK 4

WEEK 5

☐ haven't seen him **yet**（まだ彼に会っていない）

☐ Have you finished reading the book **yet**?（あなたはその本をもう読み終えましたか）

3rd GRADE

☐ walk **slowly**（ゆっくり歩く）

☐ Will you speak more **slowly**?（もっとゆっくり話してくれますか）

WEEK 6

WEEK 7

☐ **already** know it（すでにそれを知っている）

☐ I have **already** done my homework.（私は宿題をもうやりました）

WEEK 8

☐ eat **outside**（屋外で食事をする）

☐ It's very hot **outside**.（外はとても暑い）

to be continued
▼

Day 54

Check 1 🔊 Listen 》CD-B29

□ 857
abroad
/əbrɔ́ːd/
アブロード

副 **外国へ、海外に**

⊕ go abroadで「海外へ行く」; study abroadで「留学する」

□ 858
ever
/évər/
エヴァー

副 **これまでに**

□ 859
else
/éls/
エゥス

副 **ほかに**

⊕ Anything else?で「(飲食店などで)ほかに何かありますか」

□ 860
exactly
/igzǽktli/
イグザァクトリ

副 **正確に、ぴったり；ちょうど、まさに**

□ 861
twice
/twáis/
トゥワイス

副 **2度；2倍**

⊕ twice as long as 〜で「〜の2倍の長さ」

□ 862 ❶発音注意
quite
/kwáit/
クワイト

副 **まったく、すっかり；かなり**

□ 863
rather
/rǽðər/
ラァザー

副 **かなり；むしろ**

⊕ 〜 rather than ...で「...よりむしろ〜」

□ 864
everywhere
/évrihwèər/
エヴリウェアー

副 **どこでも、いたる所に**

| Day 53 》CD-B28
Quick Review
答えは右ページ下 | □ 恥ずかしがりの
□ 晴れた
□ 新鮮な
□ 公の | □ かしこい
□ プラスチックの
□ 必要な
□ 驚くべき | □ 主な
□ 平等な
□ 忠実な
□ 初歩の | □ 魔法の
□ 太陽の
□ 驚くべき
□ 専門職の |

Check 2	Check 3	
☐ travel **abroad**(海外旅行をする)	☐ I want to live **abroad**.(私は外国で暮らしたい)	1st GRADE / WEEK 1
☐ haven't **ever** been to Canada(これまでにカナダに行ったことがない)	☐ Have you **ever** eaten Japanese food?(あなたはこれまでに日本食を食べたことがありますか)	WEEK 2
☐ something **else**(何かほかに)	☐ What **else** do you need?(あなたはほかに何が必要ですか)	2nd GRADE
☐ at **exactly** 10 o'clock(ぴったり10時に)	☐ I thought **exactly** the same thing.(私はちょうど同じことを考えていた)	WEEK 3
☐ **twice** a year(1年に2度)	☐ I have been to Okinawa **twice**.(私は沖縄に2度行ったことがある)	WEEK 4 / WEEK 5
☐ **quite** right(まったく正しい)	☐ **Quite** a lot of people visit here.(かなり多くの人々がここを訪れる)	3rd GRADE
☐ **rather** large(かなり大きな)	☐ She is an artist **rather** than a model.(彼女はモデルというよりむしろ芸術家だ)	WEEK 6
☐ go **everywhere**(いたる所に行く)	☐ You can see this flower **everywhere** in Japan.(この花は日本のいたる所で見ることができる)	WEEK 7 / WEEK 8

Day 53 》CD-B28
Quick Review
答えは左ページ下

☐ shy ☐ wise ☐ main ☐ magic
☐ clear ☐ plastic ☐ equal ☐ solar
☐ fresh ☐ necessary ☐ faithful ☐ amazing
☐ official ☐ surprising ☐ elementary ☐ professional

Day 55

★★★
3rd GRADE＿副詞 2

Check 1　🔊 Listen 》CD-B30

☐ 865　❶アクセント注意
perhaps
/pərhǽps/
パーハァプス

副 ひょっとしたら

☐ 866
fluently
/flúːəntli/
フルーエントリ

副 流暢（りゅうちょう）に、すらすらと；優雅に

☐ 867　❶発音注意
certainly
/sə́ːrtnli/
サートンリ

副 確かに、間違いなく、きっと；もちろん、そのとおり

☐ 868
especially
/ispéʃəli/
イスペシャリ

副 特に；特別に

☐ 869
forever
/fərévər/
ファレヴァー

副 永遠に、ずっと

☐ 870
loudly
/láudli/
ラウドリ

副 大声で

形 loud（音が大きい；うるさい）

☐ 871
quietly
/kwáiətli/
クワイエトリ

副 静かに、黙って

形 quiet（静かな）

☐ 872　高
sometime
/sʌ́mtàim/
サムタイム

副 （近い未来の）いつか、（過去の）ある時；そのうち

➕ sometimesは「時々」

to be continued
▼

なんと本書での単語学習もいよいよ明日で終了だよ。ゴールを目指して、あともう一息がんばろうね！

☐ 聞くだけモード　Check 1
☐ しっかりモード　Check 1 ▶ 2
☐ かんぺきモード　Check 1 ▶ 2 ▶ 3

1st GRADE

WEEK 1

WEEK 2

2nd GRADE

WEEK 3

WEEK 4

WEEK 5

3rd GRADE

WEEK 6

WEEK 7

WEEK 8

Check 2

☐ He'll **perhaps** know.(彼はひょっとしたら知るかもしれない)

☐ speak English **fluently**(英語を流暢に話す)

☐ **certainly** get tired(きっと疲れてしまう)

☐ **especially** for you(あなたのために特別に)

☐ last **forever**(永遠に続く)

☐ speak **loudly**(大声で話す)

☐ smile **quietly**(静かにほほえむ)

☐ **sometime** next week(来週のいつか)

Check 3

☐ **Perhaps** it'll snow tomorrow.(ひょっとしたら明日は雪が降るかもしれない)

☐ Jack tells us everything in Japanese **fluently**.(ジャックは私たちに何でも日本語ですらすらと話す)

☐ The man is **certainly** alive somewhere.(その男は間違いなくどこかで生きている)

☐ She likes sweets, **especially** chocolates.(彼女は甘い物、特にチョコレートが好きだ)

☐ I'll remember this happening **forever**.(私はこの出来事を永遠に覚えているだろう)

☐ He said something to me **loudly**.(彼は大声で私に何かを言った)

☐ Misaki was **quietly** washing the dishes.(ミサキは黙って皿を洗っていた)

☐ We'll see each other again **sometime**.(私たちは互いにそのうちまた会えるでしょう)

to be continued
▼

Day 55

Check 1 🎧 Listen)) CD-B30

□ 873 ❶アクセント注意
forward
/fɔ́ːrwərd/
フォーワド

副 **前方へ**、先へ；未来の方向に

❶look forward to ～で「～を楽しみに待つ」

□ 874 高
actually
/ǽktʃuəli/
アクチュアリ

副 **実際には**、**本当のところは**、実は

□ 875 高
someday
/sʌ́mdèi/
サムデイ

副 (漠然とした未来の) **いつの日か**、そのうちに

□ 876
originally
/ərídʒənəli/
オリヂナリ

副 **もとは**、最初は、元来

□ 877 ❶発音注意
ahead
/əhéd/
アヘド

副 **前方に**；早めに、前もって

❶go aheadで「どうぞ」

□ 878
below
/bilóu/
ビロウ

副 **下に(ある)**、(ページなどの) **下部に**、以下に

□ 879
anywhere
/énihwèər/
エニウェアー

副 (否定文で) **どこにも(～ない)**；(疑問文で) **どこかに**；(肯定文で) **どこへでも**

□ 880 高
somewhere
/sʌ́mhwèər/
サムウェアー

副 (肯定文で) **どこかで[へ、に]**

Day 54)) CD-B29
Quick Review
答えは右ページ下

□ ちょうど
□ ～でさえ
□ 決して～ない
□ 内側に

□ まだ
□ ゆっくりと
□ すでに
□ 外側に

□ 外国へ
□ これまでに
□ ほかに
□ 正確に

□ 2度
□ まったく
□ かなり
□ どこでも

Check 2

- □ go **forward**（前へ進む）
- □ **actually** happen（実際に起こる）
- □ **someday** in the future（将来いつの日か）
- □ **originally** from Kyoto（もとは京都出身で）
- □ straight **ahead**（まっすぐ前方に［真ん前に］）
- □ the graph **below**（下にあるグラフ）
- □ **anywhere** else（ほかのどこかに）
- □ **somewhere** in this town（この町のどこかで）

Check 3

- □ I'm looking **forward** to seeing you.（あなたに会うのを楽しみにしています）
- □ He is **actually** a weak man.（彼は実は弱い男だ）
- □ I'll visit Australia **someday**.（私はそのうちオーストラリアを訪れるだろう）
- □ He was **originally** nervous.（彼は元来、神経質だった）
- □ He is running far **ahead**.（彼ははるか前方を走っている）
- □ I'll give you some examples **below**.（以下に例をいくつかあげましょう）
- □ I couldn't find my key **anywhere**.（鍵はどこにも見つからなかった）
- □ See you again **somewhere**.（またどこかで会おう）

1st GRADE
WEEK 1
WEEK 2

2nd GRADE
WEEK 3
WEEK 4
WEEK 5

3rd GRADE
WEEK 6
WEEK 7
WEEK 8

Day 54))) CD-B29
Quick Review
答えは左ページ下

- □ just
- □ even
- □ never
- □ inside
- □ yet
- □ slowly
- □ already
- □ outside
- □ abroad
- □ ever
- □ else
- □ exactly
- □ twice
- □ quite
- □ rather
- □ everywhere

Day 56

3rd GRADE__多義語

Check 1　Listen CD-B31

□ 881
watch
/wátʃ/
ワッチ

動～をじっと見る
名腕時計

□ 882 高
right
/ráit/
ライト

形**正しい**　名権利
名**右**(⇔left)　副**右へ**
＋all rightで「大丈夫な」;That's[You're] right.で「そのとおり」

□ 883 高
last
/lǽst/
ラァスト

形**この前の、昨～;最後の**　名(at lastで)**ついに**
動**続く**
＋last yearで「昨年」

□ 884 高　❶発音注意
close
/klóuz/
クロウズ

動**～を閉じる、～を閉める**
形(/klóus/クロウス)**近い**

□ 885 高
kind
/káind/
カインド

形**親切な**
名**種類**;(a kind of ～で)**～の一種**

＋What kind of ～?で「どんな種類の～ですか」

□ 886 高
sound
/sáund/
サウンド

名**音**
動**(～に)聞こえる、(～に)思える**

＋Sounds good.で「よさそうですね」

□ 887
rest
/rést/
レスト

動**休む**　名**休み**
名**残り**

＋take a restで「ひと休みする」

□ 888 高
light
/láit/
ライト

名**明かり;光**　動**～に火をつける**
形**軽い**(⇔heavy)

to be continued

いろいろな意味を持つ多義語で、この本はおしまい。これまでの単語も復習して、高校入試レベルの単語をしっかり身につけようね。

☐ 聞くだけモード　Check 1
☐ しっかりモード　Check 1 ▶ 2
☐ かんぺきモード　Check 1 ▶ 2 ▶ 3

1st GRADE

Check 2

- ☐ **watch** TV(テレビを見る)
- ☐ an expensive **watch**(高価な腕時計)

- ☐ the **right** answer(正しい答え)
- ☐ turn to the **right**(右に曲がる)

- ☐ **last** night(昨夜)
- ☐ **last** for two weeks(2週間続く)

- ☐ **close** a door(ドアを閉める)
- ☐ be **close** to the beach(海辺の近くにある)

- ☐ a **kind** girl(親切な少女)
- ☐ a **kind** of cat(ネコの一種)

- ☐ the **sound** of a piano(ピアノの音)
- ☐ **sound** good(よさそうに思える)

- ☐ **rest** on my bed(ベッドで休む)
- ☐ the **rest** of my life(私の残りの人生)

- ☐ turn on the **light**(明かりをつける)
- ☐ **light** lunch(軽い昼食)

Check 3

- ☐ We **watched** the baseball game on TV.(私たちはテレビで野球の試合を見た)

- ☐ You'll find the hospital on your **right**.(右に病院が見えるでしょう)

- ☐ We caught the **last** train.(私たちは最終電車に間に合った)

- ☐ Can you **close** the window?(窓を閉めてくれますか)

- ☐ This is a new **kind** of orange.(これは新しい種類のオレンジだ)

- ☐ That **sounds** like fun.(それはおもしろそうに思える[おもしろそうだ])

- ☐ You should **rest** in your room.(あなたは部屋で休んだ方がいい)

- ☐ Then the **light** went out.(その時、明かりが消えた)

WEEK 1
WEEK 2

2nd GRADE

WEEK 3
WEEK 4
WEEK 5

3rd GRADE

WEEK 6
WEEK 7
WEEK 8

to be continued
▼

Day 56

Check 1 🔊 Listen 》CD-B31

□ 889 高
miss
/mís/
ミス

動 **〜をのがす；〜がいなくてさびしく思う**
名 (Miss 〜で) **〜さん** (未婚の女性の姓 [姓名] につける)

□ 890 高
fan
/fǽn/
ファン

名 **うちわ、扇；扇風機**
名 **ファン**

□ 891
mind
/máind/
マインド

名 **心**
動 **〜を嫌だと思う、〜を気にする**
➕ Would you mind -ing? で「〜していただけませんか」；make up one's mind で「決心する」

□ 892 高 ❗発音注意
fall
/fɔ́ːl/
フォーゥ

動 **落ちる** 活用 fell(**フェゥ**)-fallen(**フォーゥン**)
名 **秋**

□ 893
matter
/mǽtər/
マァター

名 **問題；故障**
動 **重要である**
➕ What's the matter? で「どうしたんですか」

□ 894 ❗アクセント注意
express
/iksprés/
イクスプレス

動 **〜を表現する**
名 (列車の) **急行**
名 expression (表現)

□ 895 ❗発音注意
tear
/tíər/
ティアー

名 **涙**
動 (/téər/ **テア**) **〜を引き裂く**

□ 896 ❗発音注意
desert
/dézərt/
デザート

名 **砂漠**
動 (/dizə́ːrt/ ディザート) **〜を見捨てる**
➕ 「デザート」は dessert

Day 55 》CD-B30
Quick Review
答えは右ページ下

- □ ひょっとしたら
- □ 流暢に
- □ 確かに
- □ 特に
- □ 永遠に
- □ 大声で
- □ 静かに
- □ いつか
- □ 前方へ
- □ 実際には
- □ いつの日か
- □ もとは
- □ 前方に
- □ 下に
- □ どこにも
- □ どこかで [へ、に]

Check 2

- ☐ **miss** you(あなたがいなくてさびしい)
- ☐ **Miss** Robinson(ロビンソンさん)

- ☐ use a **fan**(うちわを使う)
- ☐ a **fan** of Japanese animation(日本のアニメのファン)

- ☐ in my **mind**(私の心の中に)
- ☐ **mind** waiting(待つのを嫌だと思う)

- ☐ **fall** into the sea(海に落ちる)
- ☐ this **fall**(今年の秋)

- ☐ an important **matter**(重要な問題)
- ☐ doesn't **matter** to me(私には重要ではない)

- ☐ **express** my love(私の愛情を表現する)
- ☐ **express** train(急行列車)

- ☐ see her **tears**(彼女の涙を見る)
- ☐ **tear** a letter(手紙を引き裂く)

- ☐ live in a **desert**(砂漠に住む)
- ☐ **desert** the land(その土地を見捨てる)

Check 3

- ☐ I **missed** the bus.(私はそのバスに乗り遅れた)

- ☐ I'm a baseball **fan**.(私は野球のファンだ)

- ☐ Would you **mind** opening the window?(窓を開けていただけませんか)

- ☐ A leaf **fell** from the tree.(1枚の葉が木から落ちた)

- ☐ This is a **matter** of life or death for them.(これは彼らにとって死活問題だ)

- ☐ Painting pictures is his way of **expressing** himself.(絵を描くことは、彼が自分自身を表現する方法だ)

- ☐ They had **tears** in their eyes.(彼らは目に涙を浮かべていた)

- ☐ The area has turned to **desert**.(その地域は砂漠になってしまった)

1st GRADE — WEEK 1, WEEK 2
2nd GRADE — WEEK 3, WEEK 4, WEEK 5
3rd GRADE — WEEK 6, WEEK 7, WEEK 8

Day 55 》CD-B30 Quick Review 答えは左ページ下

- ☐ perhaps
- ☐ fluently
- ☐ certainly
- ☐ especially
- ☐ forever
- ☐ loudly
- ☐ quietly
- ☐ sometime
- ☐ forward
- ☐ actually
- ☐ someday
- ☐ originally
- ☐ ahead
- ☐ below
- ☐ anywhere
- ☐ somewhere

まとめて覚えよう！
テーマ別英単語帳

このコーナーでは、テーマ別に学習した方が覚えやすい・使いやすい単語をまとめて紹介します。

❽ 生き物

🎧 Listen))) CD-B32

dog [dɔ́ːg] ドーグ　名 犬

cat [kǽt] キャット　名 ネコ

bird [bə́ːrd] バード　名 鳥

fish [fíʃ] フィッシュ　名 魚　⊕ 複数形もfish

horse [hɔ́ːrs] ホース　名 馬

crane [kréin] クレイン　名 ツル

whale [hwéil] ウェイゥ　名 クジラ

cow [káu] カウ　名 め牛

bear [béər] ベアー　名 クマ

chicken [tʃíkən] チキン　名 ニワトリ

sheep [ʃíːp] シープ　名 羊　⊕ 複数形もsheep

lion [láiən] ライアン　名 ライオン

elephant [éləfənt] エレファント　名 ゾウ

rabbit [rǽbit] ラァビット　名 ウサギ

deer [díər] ディアー　名 シカ　⊕ 複数形もdeer

koala [kouáːlə] コウアーラ　名 コアラ

mouse [máus] マウス　名 ネズミ　⊕ 複数形はmice（マイス）

frog [frág] フラグ　名 カエル

Day 56))) CD-B31
Quick Review
答えは右ページ下

☐ ～をじっと見る
☐ 正しい
☐ この前の
☐ ～を閉じる
☐ 親切な
☐ 音
☐ 休む
☐ 明かり
☐ ～をのがす
☐ うちわ
☐ 心
☐ 落ちる
☐ 問題
☐ ～を表現する
☐ 涙
☐ 砂漠

❾ 服

🎧 Listen 》CD-B33

clothes [klóuz] クロウズ	名 衣類	**sweater** [swétər] ス**ウェ**ター	名 セーター
dress [drés] ド**レ**ス	名 ドレス、服	**shirt** [ʃə́ːrt] **シャ**ート	名 シャツ
cap [kǽp] **キャ**ップ	名 〈ふちなしの〉ぼうし	**T-shirt** [tíːʃə̀ːrt] **ティ**ーシャート	名 Tシャツ
hat [hǽt] **ハ**ット	名 〈ふちのある〉ぼうし	**jeans** [dʒíːnz] **ヂ**ーンズ	名 ジーンズ
suit [súːt] **ス**ート	名 スーツ	**pants** [pǽnts] **ペ**ァンツ	名 ズボン ➕ イギリス英語では下着の「パンツ」
tie [tái] **タ**イ	名 ネクタイ	**skirt** [skə́ːrt] ス**カ**ート	名 スカート
coat [kóut] **コ**ウト	名 コート	**shoes** [ʃúːz] **シュ**ーズ	名 くつ
jacket [dʒǽkit] **チャ**キト	名 上着、ジャケット	**glove** [ɡlʌ́v] グ**ラ**ヴ	名 手袋、グローブ

He was wearing a red cap.
(彼は赤いぼうしをかぶっていた)

Day 56 》CD-B31 Quick Review
答えは左ページ下

- ☐ watch
- ☐ right
- ☐ last
- ☐ close
- ☐ kind
- ☐ sound
- ☐ rest
- ☐ light
- ☐ miss
- ☐ fan
- ☐ mind
- ☐ fall
- ☐ matter
- ☐ express
- ☐ tear
- ☐ desert

まとめて覚えよう！
テーマ別英単語帳

このコーナーでは、テーマ別に学習した方が覚えやすい・使いやすい単語をまとめて紹介します。

❿ 色・単位

🎧 Listen)) CD-B34

英単語	発音	意味
black [blǽk] ブラァック	名	黒
blue [blúː] ブルー	名	青
green [gríːn] グリーン	名	緑
red [réd] レッド	名	赤
yellow [jélou] イェロウ	名	黄色
brown [bráun] ブラウン	名	茶色
white [hwáit] ホワイト	名	白
pink [píŋk] ピンク	名	ピンク
dollar [dálər] ダラー	名	ドル（貨幣の単位）
cent [sént] セント	名	セント（貨幣の単位）
yen [jén] イエン	名	円（貨幣の単位）
meter [míːtər] ミーター	名	メートル（長さの単位）
kilometer [kilámətər] キラミター	名	キロメートル（長さの単位）
mile [máil] マイゥ	名	マイル（長さの単位、約1609メートル）
foot [fút] フット	名	フィート（長さの単位、約30.48センチ）➕ 複数形はfeet
pound [páund] パウンド	名	ポンド（重さの単位、約454グラム）

> The station is two **kilometers** from here.
> （駅はここから2 キロメートルの所にある）

⑪ スポーツ・楽器

🎧 Listen))) CD-B35

soccer
[sákər]
サカー
- 名 サッカー

baseball
[béisbɔ̀:l]
ベイスボーゥ
- 名 野球

tennis
[ténis]
テニス
- 名 テニス

volleyball
[válibɔ̀:l]
ヴァリボーゥ
- 名 バレーボール

basketball
[bǽskitbɔ̀:l]
バァスキトボーゥ
- 名 バスケットボール

football
[fútbɔ̀:l]
フットボーゥ
- 名 フットボール
- ➕ イギリス英語では「サッカー」

ski
[skí:]
スキー
- 名 スキー
- 動 スキーをする

skate
[skéit]
スケイト
- 名 スケート
- 動 スケートをする

badminton
[bǽdmintn]
バァドミントゥン
- 名 バドミントン

softball
[sɔ́:ftbɔ̀:l]
ソーフトボーゥ
- 名 ソフトボール

handball
[hǽndbɔ̀:l]
ヘァンドボーゥ
- 名 ハンドボール

wrestling
[réslin]
レスリング
- 名 レスリング

piano
[piǽnou]
ピアノウ
- 名 ピアノ

guitar
[gitá:r]
ギター
- 名 ギター

drum
[drám]
ヂュラム
- 名 たいこ、ドラム

violin
[vàiəlín]
ヴァイアリン
- 名 バイオリン

I live in the east of Japan.
(私は日本の東に住んでいる)

英語を学ぶ上で
最も重要な単語をチェック
基本単語集

ここからは前半の「基本単語集」(p.10-p.16) に引き続き、知っておきたい基本的な単語をまとめて紹介します。

数字

ここでは数字を紹介します。1000を超える数字は、コンマの前と後ろに分けて言います。10,000（1万）は10と1000に分けて、ten thousandとなります。

数字

zero	0	sixteen	16
one	1	seventeen	17
two	2	eighteen	18
three	3	nineteen	19
four	4	twenty	20
five	5	twenty-one	21
six	6		
seven	7	thirty	30
eight	8	forty	40
nine	9	fifty	50
ten	10	sixty	60
eleven	11	seventy	70
twelve	12	eighty	80
thirteen	13	ninety	90
fourteen	14		
fifteen	15	one hundred	100
		one thousand	1,000
		ten thousand	10,000
		one million	1,000,000

序数 ※序数には通常theをつけて、the firstなどとなります。

first	1番目、1日、最初	eleventh	11番目、11日
second	2番目、2日	twelfth	12番目、12日
third	3番目、3日	thirteenth	13番目、13日
fourth	4番目、4日	fourteenth	14番目、14日
fifth	5番目、5日	fifteenth	15番目、15日
sixth	6番目、6日	sixteenth	16番目、16日
seventh	7番目、7日	seventeenth	17番目、17日
eighth	8番目、8日	eighteenth	18番目、18日
ninth	9番目、9日	nineteenth	19番目、19日
tenth	10番目、10日	twentieth	20番目、20日
		twenty-first	21番目、21日

first-year student	（高校・大学などの）1年生
second-year student	2年生
third-year student	3年生

One billion
（10億）

英語を学ぶ上で最も重要な単語をチェック

基本単語集

時を表す名詞

ここでは「12カ月」と「曜日」、「季節」を表す単語を取り上げます。

12カ月

January	1月
February	2月
March	3月
April	4月
May	5月
June	6月
July	7月
August	8月
September	9月
October	10月
November	11月
December	12月

曜日

Sunday	日曜日
Monday	月曜日
Tuesday	火曜日
Wednesday	水曜日
Thursday	木曜日
Friday	金曜日
Saturday	土曜日

季節

spring	春
summer	夏
fall / autumn	秋
winter	冬

May 12 is my birthday.
(5月12日は私の誕生日だ)

応答・呼びかけ

yesやnoなどの応答を表す単語や、人を呼ぶ時に使う単語を紹介します。

yes	はい
yeah	うん(yesのくだけた言い方)
no	いいえ
OK	はい、いいよ
hello	こんにちは、もしもし
hi	やあ、こんにちは
bye	さようなら
goodbye	さようなら
oh	おお、おや(驚き、喜び、悲しみなどを表す)
wow	わあ、うわー(驚き、喜びなどを表す)
well	ええと、そうですね(次に何を言うか考える時に使う)
uh	あー、えー(次に何を言うか考える時に使う)
sir	あなた、だんなさま、先生(男性への呼びかけ)
ma'am	奥さま、お嬢さま、先生(女性への呼びかけ)

略語

Mr.やMrs.など名前の前につける略語や、よく使う略語をまとめて取り上げます。

Mr.	～さん、～先生など(男性に対する敬称。姓・姓名の前につける)
Ms.	～さんなど(女性に対する敬称。結婚している・いないに関係なく用いる)
Mrs.	～さん、～夫人など(結婚している女性に対する敬称)

P.E.	体育
No.	～番、第～号
Mt.	～山

a.m.	午前
p.m.	午後

英語を学ぶ上で最も重要な単語をチェック

基本単語集

会話フレーズ

ここでは「ありがとう」「そのとおり」など、会話でよく使うフレーズを取り上げます。

Thank you.	ありがとう。
Thanks.	ありがとう。／どうも。
You're welcome.	どういたしまして。
I'm sorry.	ごめんなさい。
Good morning.	おはようございます。
How are you?	こんにちは。／お元気ですか。
What's up?	やあ。／どうしたんですか。
Nice to meet you.	はじめまして。
That's right.	そのとおり。
Excuse me.	すみません。
Come on.	さあ行こう。／早く。／がんばって。
Congratulations!	おめでとう!
Here you are.	さあどうぞ。
Of course.	もちろん。
No, thank you.	いいえ、結構です。
I see.	分かりました。
Let me see.	ええと。
Pardon (me)?	もう一度、おっしゃってください。
Really?	本当?
Certainly.	もちろん。／そのとおり。
May [Can] I help you?	(店で)いらっしゃいませ。／手伝いましょうか。

ねぇねぇ、どれくらい覚えてる？
Hey, how many do you remember?

INDEX

*見出し語は赤字、それ以外の派生語と関連語は黒字で示されています。それぞれの語の右側にある数字は、見出し語の番号を表しています。

Index

A

- ☐ a few 477
- ☐ a kind of ~ 885
- ☐ a little 788
- ☐ a part of ~ 667
- ☐ abroad 857
- ☐ accident 683
- ☐ act 389
- ☐ action 389
- ☐ active 526, 419
- ☐ activity 419, 526
- ☐ actor 442
- ☐ actress 442
- ☐ actually 874
- ☐ add 601
- ☐ addition 601
- ☐ address 418
- ☐ adult 750
- ☐ adventure 784
- ☐ advice 421
- ☐ advise 421
- ☐ afraid 490
- ☐ again 222
- ☐ age 665
- ☐ ago 223
- ☐ agree 242
- ☐ ahead 877
- ☐ air 693
- ☐ airplane 291
- ☐ airport 722
- ☐ album 759
- ☐ alive 799, 795
- ☐ all 187
- ☐ almost 550
- ☐ alone 543
- ☐ already 855
- ☐ also 535
- ☐ always 544
- ☐ amaze 847
- ☐ amazed 847
- ☐ amazing 847
- ☐ amount 754
- ☐ angry 501
- ☐ animal 109
- ☐ announce 639
- ☐ another 800
- ☐ answer 033, 038, 105
- ☐ any 185
- ☐ anywhere 879
- ☐ appear 280, 284
- ☐ area 346
- ☐ army 757
- ☐ arrive 054
- ☐ arrive at[in] ~ 054
- ☐ art 147, 719
- ☐ artist 719, 147
- ☐ ask 038, 033
- ☐ astronaut 423
- ☐ at last 883
- ☐ ate 039
- ☐ attention 738
- ☐ away 547

B

- ☐ baby 342
- ☐ back 538
- ☐ bad 451
- ☐ bag 067
- ☐ ball 070
- ☐ balloon 161
- ☐ band 425
- ☐ bank 373
- ☐ bath 168
- ☐ be afraid of ~ 490
- ☐ be born 286
- ☐ be busy with ~ 455
- ☐ be different from ~ 472
- ☐ be equal to ~ 842
- ☐ be excited to do 503
- ☐ be full of ~ 481
- ☐ be glad [that] ~ 482
- ☐ be glad to do 482
- ☐ be interested in ~ 480
- ☐ be proud of[that] ~ 819
- ☐ be ready for ~ 494
- ☐ be ready to do 494
- ☐ be shocked to do 623
- ☐ be sick of ~ 474
- ☐ be similar to ~ 814
- ☐ be sorry for ~ 787
- ☐ be sure to do 190
- ☐ be surprised at ~ 504
- ☐ beach 148
- ☐ bear 286
- ☐ beautiful 196
- ☐ beauty 196
- ☐ became 236
- ☐ become 236
- ☐ bed 077
- ☐ began 250
- ☐ begin 250, 052
- ☐ begin -ing 250
- ☐ begin to do 250
- ☐ begun 250
- ☐ believe 267
- ☐ belong 567
- ☐ belong to ~ 567
- ☐ below 878
- ☐ best 177, 215
- ☐ better 177, 215
- ☐ bicycle 102
- ☐ big 178
- ☐ bike 102
- ☐ birthday 126
- ☐ blanket 435
- ☐ blind 817
- ☐ blossom 751
- ☐ boat 111
- ☐ body 341
- ☐ bone 741
- ☐ book 071
- ☐ bore 286
- ☐ born 286
- ☐ borne 286
- ☐ borrow 568, 610
- ☐ both 789
- ☐ bottle 163
- ☐ bottom 744
- ☐ bought 228
- ☐ box 110
- ☐ boy 120, 115
- ☐ brave 518

☐ break	253	☐ chance	156	☐ communication	388, 640
☐ bridge	659	☐ change	226	☐ company	720
☐ bright	506, 502	☐ cheap	808, 804	☐ complain	616
☐ brightness	506	☐ check	638	☐ computer	127
☐ bring	238	☐ cheer	598	☐ concert	675
☐ broke	253	☐ cheer ~ up	598	☐ contest	763
☐ broken	253	☐ cheer for ~	598	☐ continue	592
☐ brought	238	☐ cheerful	598	☐ continue -ing	592
☐ brush	064	☐ cherry	371	☐ continue to do	592
☐ build	256, 647	☐ child	310	☐ convenience	756, 528
☐ building	647, 256	☐ choice	778, 248	☐ convenient	528, 756
☐ built	256	☐ choose	248, 778	☐ conversation	740
☐ burn	612	☐ chose	248	☐ cook	027
☐ burned	612	☐ chosen	248	☐ cool	202, 458
☐ burnt	612	☐ Christmas	312	☐ copy	753
☐ bus	088	☐ church	302	☐ corner	141
☐ business	724	☐ city	101	☐ country	297
☐ busy	455	☐ class	087	☐ courage	717
☐ buy	228, 232	☐ classmate	129	☐ course	152
		☐ classroom	107	☐ cover	595

C

☐ cafeteria	171	☐ clean	043	☐ crowd	690, 816
☐ calendar	727	☐ clear	834	☐ crowded	816, 690
☐ call	058	☐ clearly	834	☐ cry	246
☐ came	015	☐ clerk	393	☐ culture	316
☐ camera	112	☐ clever	825, 837	☐ cup	074
☐ camp	572	☐ climb	273	☐ curry	172
☐ cancer	711	☐ clock	354	☐ custom	410
☐ captain	726	☐ close	884	☐ cut	263
☐ car	080	☐ cloud	347, 464	☐ cute	486
☐ card	293	☐ cloudy	464, 347		
☐ care	643	☐ club	084		

D

☐ careful	463, 556	☐ coach	760	☐ dance	269
☐ carefully	556, 463	☐ cold	452, 456	☐ dance to ~	269
☐ carry	049	☐ collect	573, 782	☐ danger	158, 796
☐ case	416	☐ collection	782, 573	☐ dangerous	796, 158, 521
☐ castle	670	☐ college	368	☐ dark	502, 506
☐ catch	225	☐ color	137	☐ darkness	502
☐ caught	225	☐ colorful	137	☐ date	132
☐ cause	622	☐ come	015	☐ dead	795, 258, 705, 799
☐ center	660	☐ comfortable	812	☐ dear	200
☐ century	684	☐ comic	136	☐ death	705, 258, 795
☐ ceremony	780	☐ common	792	☐ decide	240
☐ certainly	867	☐ communicate	640, 388	☐ decide to do	240
☐ chair	090	☐ communicate with ~	640		

- ☐ deep 479
- ☐ deeply 479
- ☐ delicious 495
- ☐ desert 896
- ☐ design 443
- ☐ designer 443
- ☐ desk 073
- ☐ dessert 896
- ☐ develop 620
- ☐ diary 701
- ☐ dictionary 364
- ☐ did 014
- ☐ die 258, 006, 705, 795
- ☐ die from[of] ~ 258
- ☐ difference 396, 472
- ☐ different 472, 396
- ☐ difficult 467, 469
- ☐ dirty 827
- ☐ disappear 284, 280
- ☐ discover 600
- ☐ dish 153
- ☐ do 014
- ☐ does 014
- ☐ doctor 296
- ☐ doll 164
- ☐ done 014
- ☐ don't 209
- ☐ door 082
- ☐ drank 035
- ☐ draw 274
- ☐ drawing 274
- ☐ drawn 274
- ☐ dream 337
- ☐ drew 274
- ☐ drink 035
- ☐ drive 026, 697
- ☐ driven 026
- ☐ driver 697, 026
- ☐ drop 285
- ☐ drove 026
- ☐ drugstore 779
- ☐ drunk 035
- ☐ dry 512, 822

E

- ☐ each 487
- ☐ each of ~ 487
- ☐ early 530, 183
- ☐ earth 173
- ☐ earthquake 436
- ☐ easily 558, 469
- ☐ easy 469, 467, 558
- ☐ eat 039
- ☐ eaten 039
- ☐ either 553
- ☐ either ~ or ... 553
- ☐ electric 707
- ☐ electricity 707
- ☐ elementary 844
- ☐ elevator 723
- ☐ else 859
- ☐ e-mail 384
- ☐ empty 508, 481
- ☐ encourage 717
- ☐ end 381
- ☐ energy 646
- ☐ enjoy 019
- ☐ enjoy -ing 019
- ☐ enough 491
- ☐ enough ~ to do 491
- ☐ enter 574
- ☐ entrance 574
- ☐ environment 728
- ☐ equal 842
- ☐ equality 842
- ☐ eraser 149
- ☐ especially 868
- ☐ even 850
- ☐ event 394
- ☐ ever 858
- ☐ every 189
- ☐ everywhere 864
- ☐ exactly 860
- ☐ exam 431, 627
- ☐ examination 627, 431
- ☐ examine 627, 431
- ☐ example 385
- ☐ exchange 579
- ☐ excite 470, 503
- ☐ excited 503, 470
- ☐ exciting 470, 503
- ☐ excuse 062
- ☐ expensive 804, 808
- ☐ experience 412
- ☐ explain 283
- ☐ express 894
- ☐ expression 894

F

- ☐ fact 351
- ☐ factory 428
- ☐ fail 602
- ☐ fail to do 602
- ☐ faithful 843
- ☐ fall 892
- ☐ fallen 892
- ☐ family 095
- ☐ famous 460
- ☐ fan 890
- ☐ far 541
- ☐ far from ~ 541
- ☐ farm 333, 403
- ☐ farmer 403, 333
- ☐ fast 534, 505, 854
- ☐ favorite 191
- ☐ feel 239, 702
- ☐ feeling 702, 239
- ☐ fell 892
- ☐ fellow 762
- ☐ felt 239
- ☐ festival 145
- ☐ few 477, 181
- ☐ field 651
- ☐ fight 626
- ☐ fight against[with] ~ 626
- ☐ fill 617
- ☐ fill ~ with ... 617
- ☐ final 555
- ☐ finally 555
- ☐ find 234
- ☐ find out ~ 234
- ☐ fine 186

☐ **finish**	261	☐ gave	235	☐ **hard**	537, 499
☐ finish -ing	261	☐ **gentleman**	704	☐ has	001
☐ **fire**	353	☐ **gesture**	390	☐ have	001
☐ **firework**	755	☐ **get**	004	☐ **headache**	372
☐ fish	733	☐ get married	613	☐ **health**	366, 513
☐ **fishing**	733	☐ **ghost**	348	☐ **healthy**	513, 366
☐ **fix**	625	☐ **gift**	162	☐ **hear**	233
☐ **flag**	725	☐ **girl**	115, 120	☐ heard	233
☐ flew	561	☐ **give**	235	☐ **heart**	362
☐ **flight**	679	☐ given	235	☐ **heat**	745
☐ **floor**	369	☐ **glad**	482	☐ heater	745
☐ **flower**	114	☐ **glass**	365	☐ **heavy**	459, 888
☐ flown	561	☐ glasses	365	☐ held	562
☐ **fluently**	866	☐ **go**	003	☐ **help**	025
☐ **fly**	561	☐ go to ~	003	☐ **here**	219
☐ **follow**	270	☐ **goal**	653	☐ hid	563
☐ **foreign**	468, 732	☐ **God**	376	☐ hidden	563
☐ **foreigner**	732, 468	☐ gone	003	☐ **hide**	563
☐ **forest**	662	☐ **good**	177, 451	☐ **high**	450, 514
☐ **forever**	869	☐ got	004	☐ **hill**	685
☐ **forget**	268, 260	☐ gotten	004	☐ **history**	328
☐ forgot	268	☐ **government**	716	☐ **hit**	278
☐ forgotten	268	☐ **grade**	695	☐ **hobby**	166
☐ **form**	746	☐ graduate	783	☐ **hold**	562
☐ **fortune**	731	☐ **graduation**	783	☐ **hole**	382
☐ **forward**	873	☐ **grass**	714	☐ **holiday**	367
☐ fought	626	☐ **great**	453	☐ **home**	532
☐ found	234	☐ grew	277	☐ **homestay**	438
☐ **free**	461	☐ **ground**	658	☐ **homework**	116
☐ freedom	461	☐ **group**	338	☐ **honest**	828
☐ **fresh**	835	☐ **grow**	277	☐ honesty	828
☐ **fridge**	290	☐ grown	277	☐ **hope**	237
☐ **friend**	096, 516	☐ **guess**	057	☐ hope to do	237
☐ **friendly**	516, 096	☐ guest	677	☐ hopeful	237
☐ **front**	761	☐ **guide**	349	☐ **hospital**	315
☐ **full**	481, 508	☐ **gun**	429	☐ host	677
☐ **fun**	118, 511	☐ **gym**	174	☐ **hot**	456, 452
☐ **funny**	511, 118			☐ **hotel**	294
☐ **future**	437	**H**		☐ **house**	065
		☐ had	001	☐ **housework**	407
G		☐ **half**	650	☐ **however**	560
		☐ **hall**	358	☐ **huge**	527
☐ **game**	292	☐ **happen**	272	☐ **human**	806
☐ **garbage**	752	☐ happen to do	272	☐ **hunger**	696, 203
☐ **garden**	356	☐ **happy**	195, 510	☐ **hungry**	203, 696
☐ **gate**	656				

どれだけチェックできた？ 1 ☐ 2 ☐

☐ hurry	060	
☐ hurt	594, 615	

I

☐ I wonder if ~	599
☐ idea	335
☐ ill	821
☐ I'm afraid [that] ~	490
☐ image	606
☐ imagine	606
☐ importance	768, 476
☐ important	476, 768
☐ impossible	820
☐ improve	628
☐ improvement	628
☐ in front of ~	761
☐ increase	607
☐ information	408
☐ injure	615, 594
☐ injury	615
☐ inside	852, 856
☐ interest	700, 199, 480
☐ interested	480, 199, 700
☐ interesting	199, 480, 700
☐ international	496
☐ Internet	340
☐ interview	672
☐ interviewer	672
☐ introduce	580
☐ introduce ~ to ...	580
☐ invite	571
☐ island	767
☐ isn't	209

J

☐ job	345
☐ join	255
☐ journalist	769
☐ joy	749
☐ jump	055
☐ junior	523
☐ junior to ~	523
☐ just	849

K

☐ keep	243
☐ keep -ing	243
☐ kept	243
☐ key	401
☐ kill	589
☐ kind	885
☐ kitchen	131
☐ knew	008
☐ knife	427
☐ know	008
☐ knowledge	008
☐ known	008

L

☐ lady	433
☐ lain	618
☐ lake	326
☐ land	661
☐ language	339
☐ large	454
☐ last	883
☐ late	183, 530
☐ later	545
☐ laugh	605
☐ laugh at ~	605
☐ law	737
☐ lawyer	737
☐ lay	618
☐ lead	621, 766
☐ leader	766, 621
☐ leaf	378
☐ learn	044
☐ least	788
☐ leave	047, 140
☐ leave for ~	047
☐ led	621
☐ left	140, 047, 882
☐ lend	610, 568
☐ lent	610
☐ less	788
☐ lesson	642
☐ let	609
☐ let ~ do	609

☐ Let's ~	609
☐ letter	299
☐ library	321
☐ lie	618
☐ life	334
☐ light	888, 459, 502
☐ like	002
☐ line	666
☐ list	430
☐ listen	012
☐ listen to ~	012
☐ little	788, 786
☐ live	006, 258, 758
☐ live in ~	006
☐ living	758, 006
☐ local	497
☐ lonely	831
☐ long	180, 473
☐ look	007
☐ look at ~	007
☐ look like ~	007
☐ lose	586, 259
☐ lost	586
☐ loud	493, 870
☐ loudly	870, 493
☐ love	046
☐ low	514, 449, 450
☐ luck	673, 790
☐ lucky	790, 673
☐ lying	618

M

☐ machine	703
☐ made	005
☐ magazine	170
☐ magic	845
☐ mail	682
☐ main	841
☐ make	005
☐ man	081, 085
☐ many	181, 477
☐ map	357
☐ market	352
☐ marry	613
☐ mask	765

☐ match	374
☐ math	128
☐ matter	893
☐ maybe	549
☐ mean	566, 420
☐ mean to do	566
☐ meaning	420, 566
☐ meaningful	420, 566
☐ meant	566
☐ medicine	380
☐ meet	018, 406
☐ meeting	406, 018
☐ member	122
☐ memory	439
☐ message	331
☐ met	018
☐ middle	742
☐ mind	891
☐ miss	889
☐ Miss ~	889
☐ mistake	415
☐ modern	824
☐ money	319
☐ moon	135
☐ more	181, 786
☐ most	181, 786
☐ mountain	320
☐ move	569
☐ movement	569
☐ movie	146
☐ much	786, 788
☐ museum	400
☐ music	091, 676
☐ musician	676, 091

N

☐ name	072
☐ narrow	807, 801
☐ nation	811
☐ national	811
☐ native	520
☐ natural	498, 671
☐ nature	671, 498
☐ necessary	839
☐ need	042

☐ neighbor	424, 764
☐ neighborhood	764, 424
☐ nervous	524
☐ never	851
☐ new	188, 192
☐ news	327
☐ newspaper	708, 327
☐ next	194
☐ nice	184
☐ not	209
☐ note	729
☐ notebook	079, 729
☐ notice	576
☐ now	214
☐ number	134
☐ nurse	654

O

☐ ocean	355
☐ o'clock	224
☐ office	649
☐ official	836
☐ often	220
☐ oil	709
☐ old	192, 188, 466
☐ once	546
☐ one	206
☐ only	529
☐ open	030
☐ opinion	344
☐ order	578
☐ originally	876
☐ other	462
☐ out	536
☐ outside	856, 852
☐ own	485
☐ owner	485

P

☐ page	655
☐ paid	581
☐ pain	426
☐ paint	266, 160, 770
☐ painter	770, 160, 266
☐ painting	160, 266, 770

☐ pair	686
☐ paper	143
☐ park	100
☐ part	667
☐ party	097
☐ pass	257
☐ passport	308
☐ pay	581
☐ pay for ~	581
☐ peace	386
☐ peaceful	386
☐ pen	069
☐ pencil	075
☐ people	099
☐ perfect	809
☐ perfectly	809
☐ perform	629
☐ performance	629
☐ performer	629
☐ perhaps	865
☐ period	735
☐ person	680
☐ personal	680
☐ pet	089
☐ phone	106, 332
☐ photo	165
☐ photograph	165
☐ photographer	165
☐ pick	061
☐ picture	094
☐ place	330
☐ plan	322
☐ plane	291
☐ planet	392
☐ plant	387
☐ plastic	838
☐ play	020, 108
☐ player	108
☐ please	216
☐ pleasure	216
☐ pocket	169
☐ poem	692
☐ point	370
☐ police	698
☐ poor	478, 515

どれだけチェックできた？ 1 ☐ 2 ☐

☐ **popular**	193	
☐ **possible**	820	
☐ **power**	706	
☐ powerful	706	
☐ **practice**	227	
☐ **prepare**	588	
☐ **present**	138	
☐ **president**	739	
☐ **pretty**	197	
☐ **price**	694	
☐ pride	819	
☐ **prize**	734	
☐ **probably**	559	
☐ **problem**	648	
☐ **produce**	630, 771	
☐ **product**	771, 630	
☐ profession	848	
☐ **professional**	848	
☐ **program**	411	
☐ **promise**	712	
☐ **protect**	584	
☐ protect ~ from ...	584	
☐ **proud**	819	
☐ **public**	507	
☐ **pull**	611, 059	
☐ **purpose**	379	
☐ **push**	059, 611	
☐ **put**	048	

Q

☐ **question**	105, 033
☐ **quick**	823, 505, 551
☐ **quickly**	551, 823, 854
☐ **quiet**	205, 871
☐ **quietly**	871, 205
☐ **quite**	862

R

☐ **race**	399
☐ **racket**	150
☐ **radio**	687
☐ **rain**	306, 465
☐ **rainbow**	715
☐ **rainy**	465, 306
☐ **raise**	619, 582

☐ **ran**	009
☐ **rang**	281
☐ **rather**	863
☐ **reach**	279
☐ **read**	036
☐ **ready**	494
☐ **real**	794, 531, 604
☐ **realize**	604
☐ **really**	531, 794
☐ **reason**	391
☐ **receive**	587
☐ **record**	624
☐ **recycle**	631, 446, 633
☐ **recycling**	446, 631
☐ **reduce**	632
☐ refrigerator	290
☐ **remain**	288
☐ **remember**	260, 268
☐ **remind**	635
☐ remind ~ of ...	635
☐ remind ~ to do	635
☐ **repeat**	596
☐ **report**	668
☐ reporter	668
☐ **resource**	772
☐ **respect**	608
☐ **rest**	887
☐ **restaurant**	300
☐ **return**	564
☐ **reuse**	633, 631
☐ **rich**	515, 478
☐ ridden	565
☐ **ride**	565
☐ **right**	882, 140
☐ **ring**	281
☐ **rise**	582, 619
☐ risen	582
☐ **river**	142
☐ **road**	641
☐ **rock**	645
☐ rode	565
☐ **roof**	377
☐ **room**	068
☐ rose	582
☐ **round**	818

☐ **rule**	398
☐ **run**	009
☐ rung	281

S

☐ **sad**	457
☐ sadly	457
☐ sadness	457
☐ **safe**	521, 796
☐ safe from ~	521
☐ said	021
☐ **sail**	688
☐ **same**	198
☐ sang	053
☐ sat	011
☐ **save**	247
☐ saw	010
☐ **say**	021
☐ **school**	092
☐ **schoolyard**	155
☐ **science**	304, 664
☐ **scientist**	664, 304
☐ **sea**	119
☐ **seat**	383
☐ **secret**	810
☐ **see**	010
☐ **seem**	590
☐ seem to do	590
☐ seen	010
☐ **sell**	232, 228
☐ **send**	252
☐ sent	252
☐ **sentence**	718
☐ **serious**	832
☐ **serve**	634
☐ service	634
☐ **set**	593
☐ **several**	803
☐ **shake**	614
☐ shaken	614
☐ **shape**	417
☐ **share**	583
☐ share ~ with ...	583
☐ **shine**	597
☐ shining	597

☐ ship	681	☐ social	736	☐ still	542
☐ **shock**	623	☐ **society**	736	☐ **stomachache**	447
☐ shone	597	☐ **soft**	499, 537	☐ **stone**	311
☐ shook	614	☐ softly	499	☐ stood	023
☐ **shop**	317, 175, 309	☐ **solar**	846	☐ **stop**	230
☐ **shopping**	175, 317	☐ sold	232	☐ stop -ing	230
☐ **short**	473, 180, 449	☐ **soldier**	747	☐ **store**	309, 317
☐ **shout**	570	☐ **solve**	585	☐ **storm**	363
☐ **show**	231	☐ **some**	179	☐ stormy	363
☐ showed	231	☐ **someday**	875	☐ **story**	336
☐ shown	231	☐ **sometime**	872	☐ **straight**	554
☐ **shrine**	674	☐ **sometimes**	218, 872	☐ **strange**	489
☐ **shy**	833	☐ **somewhere**	880	☐ stranger	489
☐ **sick**	474, 821	☐ **song**	125	☐ **street**	139
☐ sickness	474	☐ **soon**	548	☐ **strong**	791, 785
☐ **side**	710	☐ **sorry**	787	☐ **student**	093
☐ **sight**	434	☐ **sound**	886	☐ **study**	016
☐ **sightseeing**	440	☐ **space**	360, 395	☐ **subject**	313
☐ **sign**	144	☐ **spaceship**	395	☐ **such**	798
☐ **silent**	509	☐ **speak**	029, 652, 743	☐ **suddenly**	552
☐ **similar**	814	☐ speak to ~	029	☐ **suffer**	603
☐ **simple**	793	☐ **speaker**	743, 029, 652	☐ suffer from ~	603
☐ simply	793	☐ **special**	484	☐ **sun**	305, 201
☐ **sing**	053	☐ **speech**	652, 029, 743	☐ sung	053
☐ **singer**	303, 053	☐ **speed**	730	☐ **sunny**	201, 305
☐ **sit**	011, 023	☐ **spell**	287	☐ **sunshine**	781
☐ sit down	011	☐ spelling	287	☐ **supermarket**	404
☐ **site**	773	☐ **spend**	241	☐ **support**	636
☐ **situation**	774	☐ spend ~ on ...	241	☐ **sure**	190
☐ **size**	329	☐ spent	241	☐ **surprise**	275, 504, 840
☐ **sky**	124	☐ **spirit**	441	☐ **surprised**	504, 275, 840
☐ **sleep**	244, 500	☐ spoke	029	☐ **surprising**	
☐ **sleepy**	500, 244	☐ spoken	029		840, 275, 504
☐ slept	244	☐ **sport**	078	☐ swam	034
☐ **slow**	505, 823, 854	☐ **stadium**	402	☐ **sweet**	797
☐ **slowly**		☐ stair	176	☐ **swim**	034
	854, 505, 534, 551	☐ **stand**	023, 011	☐ swum	034
☐ **small**	182	☐ stand up	023		
☐ **smart**	522	☐ **star**	123	**T**	
☐ **smell**	591	☐ **start**	052, 250		
☐ **smile**	271	☐ **station**	324	☐ **table**	086
☐ smile at ~	271	☐ **statue**	748	☐ **take**	017
☐ **snow**	323, 483	☐ **stay**	051	☐ taken	017
☐ **snowy**	483, 323	☐ stay at[in] ~	051	☐ **talk**	013
☐ **so**	557	☐ **step**	713	☐ **tall**	449, 473, 514
				☐ **taste**	282

どれだけチェックできた？ 1 ☐ 2 ☐

☐ taught	037	
☐ taxi	721	
☐ teach	037	
☐ teacher	066, 037	
☐ team	133	
☐ tear	895	
☐ technology	776	
☐ telephone	332, 106	
☐ television	098	
☐ tell	032	
☐ temple	414	
☐ terrible	475	
☐ test	359	
☐ textbook	375	
☐ thank	063	
☐ then	533	
☐ there	211	
☐ thick	826, 830	
☐ thin	830, 826	
☐ thing	103	
☐ think	229	
☐ think about[of] ~	229	
☐ thirsty	207	
☐ thought	229	
☐ threw	251	
☐ throw	251	
☐ thrown	251	
☐ ticket	298	
☐ time	083	
☐ tired	204	
☐ today	213	
☐ together	540	
☐ told	032	
☐ tomato	289	
☐ tomorrow	539	
☐ too	212	
☐ took	017	
☐ top	361	
☐ touch	249	
☐ tour	409, 432	
☐ tourist	432, 409	
☐ tournament	448	
☐ tower	405	
☐ town	295	
☐ toy	159	

☐ tradition	775, 488	
☐ traditional	488, 775	
☐ traffic	663	
☐ train	076	
☐ trash	752	
☐ travel	262	
☐ treasure	445	
☐ tree	113	
☐ trip	301	
☐ trouble	422	
☐ truck	397	
☐ true	525, 678	
☐ trust	637	
☐ truth	678, 525	
☐ try	050	
☐ try to do	050	
☐ turn	245	
☐ TV	098	
☐ twice	861	
☐ type	350	

U

☐ umbrella	154	
☐ understand	264	
☐ understood	264	
☐ unhappy	510, 195	
☐ uniform	167	
☐ unique	519	
☐ university	157	
☐ use	024, 492	
☐ useful	492, 024	
☐ usual	829, 217	
☐ usually	217, 829	

V

☐ vacation	130, 367	
☐ variety	517	
☐ various	517	
☐ very	210	
☐ view	644	
☐ village	343	
☐ villager	343	
☐ visit	040, 444	
☐ visitor	444, 040	
☐ voice	413	

☐ volunteer	314	

W

☐ wait	045	
☐ wait for ~	045	
☐ wake	577	
☐ wake up	577	
☐ walk	031	
☐ wall	318	
☐ want	022	
☐ want to do	022	
☐ war	669	
☐ warm	458, 202	
☐ wash	056	
☐ waste	689	
☐ watch	881, 354	
☐ way	325	
☐ weak	785, 791	
☐ wear	265	
☐ weather	307	
☐ welcome	208	
☐ welcome to ~	208	
☐ well	215	
☐ went	003	
☐ wet	822, 512	
☐ whole	815	
☐ wide	801, 807	
☐ wild	813	
☐ wilderness	813	
☐ win	259, 586, 777	
☐ wind	657, 805	
☐ window	117	
☐ windy	805, 657	
☐ wing	691	
☐ winner	777, 259	
☐ wise	837	
☐ wish	575	
☐ wish for ~	575	
☐ wish to do	575	
☐ woke	577	
☐ woken	577	
☐ woman	085, 081	
☐ won	259	
☐ wonder	599	
☐ wonderful	471	

☐ **wood**	699
☐ wooden	699
☐ **word**	121
☐ wore	265
☐ **work**	041
☐ **world**	104
☐ worn	265
☐ **worry**	254
☐ worry about ～	254
☐ worse	451, 821
☐ worst	451, 821
☐ **wrap**	276
☐ **write**	028
☐ written	028
☐ **wrong**	802
☐ wrote	028

Y

☐ **yesterday**	221
☐ **yet**	853
☐ **young**	466, 192

Z

☐ **zoo**	151
☐ zookeeper	151

どれだけチェックできた？ 1 ☐　2 ☐

改訂版 聞いて覚えるコーパス英単語

キクタン

【中学英単語】
高校入試レベル

書名	改訂版 キクタン【中学英単語】高校入試レベル
発行日	2015年11月25日（初版） 2016年12月19日（第3刷）
企画・編集	株式会社アルク文教編集部
編集協力	松川香子
英文作成協力	有限会社ジー・アクト
英文校正	Peter Branscombe、Margaret Stalker、Owen Schaefer、Joel Weinberg
アートディレクション	細山田 光宣
デザイン	相馬敬徳（細山田デザイン事務所）
イラスト	shimizu masashi (gaimgraphics)
ナレーション	Carolyn Miller、Howard Colefield、桑島三幸
音楽制作	ハシモトカン（ジェイルハウス・ミュージック）
録音・編集	ジェイルハウス・ミュージック
CDプレス	株式会社ソニー・ミュージックコミュニケーションズ
DTP	株式会社秀文社
印刷・製本	図書印刷株式会社
発行者	平本照麿
発行所	株式会社アルク

〒102-0073 東京都千代田区九段北4-2-6 市ヶ谷ビル
TEL：03-3556-5501　FAX：03-3556-1370
Email：csss@alc.co.jp
Website：http://www.alc.co.jp/
中学・高校での一括採用に関するお問い合わせ
koukou@alc.co.jp（アルクサポートセンター）

・落丁本、乱丁本は弊社にてお取り替えいたしております。アルク
　お客様センター（電話：03-3556-5501　受付時間：平日9時〜
　17時）までご相談ください。
・本書の全部または一部の無断転載を禁じます。著作権法上で認め
　られた場合を除いて、本書からのコピーを禁じます。
・定価はカバーに表示してあります。
・製品サポート：http://www.alc.co.jp/usersupport/
・本書は2008年11月に刊行された『キクタン【中学英単語】高校
　入試レベル』を増補・改訂したものです。

地球人ネットワークを創る
アルクのシンボル
「地球人マーク」です。

©2015 ALC PRESS INC.
shimizu masashi (gaimgraphics) / Kan Andy Hashimoto
Printed in Japan.
PC：7015055　ISBN：978-4-7574-2662-7